Autopsie d'un désastre

Du même auteur

MILANDOU, Michel, (2024),
Portrait d'un ex-colonisé au XXIe siècle
Edition Bod
ISBN : 978-2-3225-2142-5

MILANDOU, Michel, (2022),
En DIEU Se Trouve Seulement L'AMOUR
Ou comment vivre sa foi en Jésus.
Évry-Courcouronnes, CesbcPresses,
112 pages.   Format 11 * 18 cm (Livre de poche)
    ISBN : 979-10-90372-57-3

MILANDOU, Michel, (2019),
Les origines d'un peuple : les Laris. Histoire et ethnologies
Évry-Courcouronnes, CesbcPresses,
64 pages. ISBN : 979-10-90372-45-0

MILANDOU, Michel, (2008),
Loi de Say et Développement économique e n Afrique
subsaharienne
Corbeilles-Essonnes, Éditions ICES, 286 pages. ISBN : 2-910153-53-3

Michel MILANDOU

Autopsie d'un désastre

Ce livre est une fiction ; toute ressemblance avec
des situations réelles est tout simplement fortuite.

Il y avait tellement à dire. D'un autre côté, la tentation au silence était forte. Si forte et bien tenace qu'on se sentît écartelé, entre se contenter de sa petite vie et laisser tout de même sa conscience s'exprimer.

Le choix n'a jamais été difficile. Le seul vrai problème était au niveau du style qu'il fallait adopter ; le ton de la narration devrait donner la ligne du récit.

Nous avons choisi de nous raconter sans trop s'impliquer. C'était presque un devoir : une allégorie du devoir était dans cette vision de conter, dans un but aléatoirement noble, ce qui était, il y a si peu encore, le quotidien qui faisait le bonheur de vivre.

La joie de vivre n'était pas un vain mot. Elle était d'autant plus expressive qu'elle n'était pas assujettie à la présence d'un cadre malsain où les relations sociales passaient par le matérialisme.

Bref ! Nous nous sommes donc efforcés dans cet exercice qui consiste à tenir éloigné l'objet de la narration du narrateur. Ainsi, allions-nous jouer à l'assistant ethnologue qui est un étranger au monde de sa préoccupation, un étranger initié ; un cap difficile à tenir dans ce cas présent, tant la force des faits étrangle la volonté de l'émancipation.

Il est aussi étranger par l'option méthodologique qui a été la sienne et qui l'a entrainé dans cette autopsie.

Cependant, il est néanmoins dans l'objet auquel son regard s'intéresse. Alors, il s'observe dans le miroir. Celui-ci lui renvoie une image tronquée, mais suffisamment réaliste. Une image suffisamment puissante pour déclencher le tsunami de la résistance dans la société. Ainsi, il est encore temps de se reconstruire.

Il était donc temps d'aller à l'assaut de sa propre culture avec tout ce qui la faisait vibrer. Voilà que se présentait ce cauchemar, cousu essentiellement d'histoires de plaintes à l'encontre de la dépravation. Il faut cependant souligner la précision que cet assaut n'affiche aucune autre ambition que celle d'être essentiellement informatif. Voilà pourquoi il relate uniquement les faits vécus directement ou indirectement.

Le choix est clair dès le départ. Il s'agit d'être le plus proche possible de la culture locale. Ainsi, sans aucun atermoiement autorisé, ce socle culturel est fait de croyances et de pratiques sociales de guérison. Voilà ce qui constitue l'objet essentiel de ce qui va suivre.

Les pratiques de guérison sont parfois inspirées par le charisme. Ce terme est devenu très coutumier des récits sur les guérisons. Nous tenterons de contenir sous le chapiteau du « charismatisme » toutes ces émotions qui alimentent les récits sur les guérisons exceptionnelles. Ceci pour se mettre à l'abri du tourbillon qui risquerait d'entrainer cette revue des expériences personnellement vécues dans la submersion.

Le charismatisme est né d'une suggestion, violemment vécue par les populations locales christianisées. C'est une forme idéologique dont l'ambition n'a jamais été aussi peu avouée : c'est en tant qu'arme de combat contre ces pratiques sociales de guérison que le charisme est reconnu aux uns et pas aux autres. Ainsi, le prêtre catholique Nkounkou Roch Auguste, connu comme le premier prêtre congolais et le pasteur Ndoundou Daniel de l'Église évangélique - tous deux ayant exercé à la même époque - seront reconnus comme les charismatiques de premier ordre après le prophète Kimbangu Simon. Aux féticheurs et tradi-thérapeutes herboristes, cette faculté, cette capacité, ne leur sera dévolue. C'est donc dans le cadre de la croyance sise sur la Bible qu'émerge le charismatisme.

Que ce qui suit, ait, quelque part, l'ambition de suggérer, c'est peut-être aussi ce que recherche cette lecture. Au moins suggérer l'idée que dans le comportement collectif face à la guérison, celui-ci est souvent sous l'influence du pouvoir d'achat qui est celui de chacun d'entre tous. C'est là qu'est l'erreur. Une suggestion est de s'efforcer pour un petit recul dans le temps de notre histoire locale. Pour s'informer, pour rendre dynamique des pratiques poussées vers la désolation ; ce qu'elles ne méritent pas.

Pourquoi une autopsie de la société ? Vraisemblablement, parce qu'elle parut en avoir besoin, pour l'aider à se retrouver. Pour se reconstruire.

-I-

C'est une immersion ethnologique.

Animée, la vie l'était autour d'une interrogation : pourquoi dans notre société s'élevaient encore des regrets sur la période coloniale ?

Pour cela, on se référait à une femme, parce que la femme était dans notre société la mémoire active qui savait restituer une histoire, l'histoire. Alors, allons-y d'abord pour la petite histoire :

Maléka Vouvoungui Angèle était l'aînée d'une fratrie de neuf naissances, née au cœur de l'intense activité coloniale. Quand les naissances n'avaient pas encore de date précise. Sur les actes de naissance figurait la mention « race » et une seconde mention « né vers… ».

Les coutumes étaient élevées au rang de caractéristique spécifique qui définissait la race, laquelle était assimilée à l'ethnie ou à la tribu. L'analphabétisme régnant au sein de ces races, la mémoire collective n'avait pas la capacité de stocker la foule de précisions qui se présentait devant la société. Or, l'administration en avait besoin. Elle avait ses exigences. Elle avait besoin de saisir l'évolution démographique dans la colonie. De ce fait, elle avait lancé la pratique du recensement annuel systématique à une période fixe. À chaque passage, le dénombrement faisait un instantané des personnes physiques et des grossesses. Au prochain passage, une année après, le même décompte recommençait. Les naissances advenues devaient donner lieu à l'établissement d'un acte de naissance.

La mémoire collective n'accordait de l'importance qu'à l'évènement naissance et aucunement ou presque au temps de cet évènement. Tout le contraire, ou presque, de l'attitude de l'administration coloniale pour qui la date d'un évènement était de la plus haute importance. Aussi, dans cette préoccupation coloniale, les individus de la fameuse race-ethnie-tribu ne pouvant fournir avec exactitude les renseignements autour des naissances – la date et l'heure – l'administrateur colonial retenait dans son rapport ce qui semblait irréfutable : l'année de naissance. On mentionnait sur l'acte de naissance : né vers… 1923.

Par cette mention, le plus souvent, on avait pu minimiser la marge d'erreur sur l'année de naissance ; parce que, les naissances ayant eu lieu vers les derniers mois de l'année bénéficiaient de quelques mois de rajeunissement. L'essentiel était fait.

Cette précision nous était apportée par l'oncle Loumouamou Come. En sa présence, on avait mis en doute la date de naissance de l'ainée de la fratrie. Il réagissait négativement, précisant que l'année était juste, parce que c'est l'année où lui-même avait été scolarisé à l'âge de onze ans. Un bon repère dans le temps.

La sœur ainée Maléka-Vouvoungi était notre bibliothèque. Elle était passionnée par ce rôle que notre passion de l'histoire lui avait dévolu. Ainsi, elle prenait tout le plaisir de nous instruire sur les évènements familiaux, sociétaux et politiques.

Elle n'avait pas pu aller à l'école, regrettait-elle souvent. Avec des capacités intellectuelles réelles, ce qu'elle croyait, elle avait dû subir la dure et injuste loi de la ségrégation sexuelle : les filles pour les travaux ménagers, aux garçons l'honneur de l'instruction. Ses récits sur les familles au sein de la race-ethnie kongo suscitaient en nous le désir de comprendre. Ces récits m'interpellaient sur les atermoiements de l'histoire, les hésitations, les migrations familiales, les mutations linguistiques, la magie de la politique. Tout cela ponctué par une sorte de stigmatisation de la réclusion injustement imposée à la femme, alors qu'elle était apte à assurer un rôle bien plus productif, positif, pour la société. En exemple, elle se référait à ce qui se passait devant nous, le fait de narrer une partie de l'histoire du Congo qu'elle tenait par sa position sociale : le père de Maléka-Vouvoungi était un notable du village qui se permettait de transgresser la loi sociale ; il autorisait sa fille à assister à certains évènements. Ce qui était privilège de garçon. Ainsi, nous dit-elle, sur le politicien Matsoua André Grenard, beaucoup de « on-dit » circulaient.

Du personnage de Matsoua, on entendait parler, mais peu de personnes l'avaient réellement vu. C'était une personnalité recherchée comme fauteur de trouble par l'administration coloniale. Il ne pouvait pas jouir de la liberté de haranguer, lui qui passait le plus clair de son temps à se cacher. Une personnalité inaccessible sur qui s'était construit tout un mythe sur ses capacités extra physiques, magiques.

Voilà qui nous incitait à enquêter sur cette société à laquelle on était convié à associer notre destin. Ce fut passionnant de voir un griot femme. Tout y passait. Jusqu'aux techniques thérapeutiques qu'elle avait héritées de sa mère.

Sur cet aspect de la vie sociale, nos interrogations suscitaient en elle quelques réactions dont le caractère scientifique nous surprit. Elle jugeait la colonisation bien moins sévèrement qu'on ne le fit. Pour elle, la présence européenne dans notre environnement avait du bon et du moins bon. Le bon était exclusivement dans le système scolaire. Pour le reste, elle n'y voyait aucun avantage. Des heures passées avec elle qui l'enthousiasmaient bien que terrassée par des crises d'asthme. Son appréciation de la colonisation nous incitait à porter notre intérêt sur cette période. On lui dit, depuis là où elle est, merci de nous avoir inspirés.

C'était un de ces matins dont on se souvient toujours. Après une nuit, comme toutes les autres, d'une saison chaude qui ne déméritait pas cette précision. Un réveil dont les matines étaient sonnées, là aussi comme d'ordinaire, par l'activisme des individus qui s'affairaient aux préparatifs pour affronter leur dure journée. Il faut dire que dans cette ville capitale de ce beau pays, au bord d'un majestueux fleuve, le marché était le plus grand employeur national. Au fur et à mesure que le temps passait, il devenait même l'employeur des diplômés que sortait, chaque fin de cette saison chaude, l'enseignement supérieur. Ces préparatifs se déroulaient si tôt le matin ; alors même que la nuit commençait à peine à présenter ses excuses au jour qui se montrait un peu impatient.

C'était dans une zone tropicale ; juste au-delà de l'équateur. La longueur de la nuit y est quasi constante. À une trentaine de minutes près. Très tôt, le matin, pendant que se multipliaient, dans un concert de concurrence, les appels des coqs, nombreux dans cette ville, ce sont les hommes et surtout les femmes qui étaient au taquet. Le marché, leur gagne-pain quotidien, les y attendait.

Ce sont des pratiquants du petit commerce de détail qui allaient s'approvisionner au marché de gros. Très tôt le matin, le produit de la culture maraichère arrivait au marché. Cette activité atteignait son paroxysme autour de cinq heures du matin. L'animation était à son comble.

Les autobus et les minibus consacraient cette heure d'ouverture de leur journée de travail pour se constituer un fonds important. Ils se transformaient en acteur principal de cette animation. Transporter les grossistes des produits maraichers, c'était une activité rentable. Or, c'est la rentabilité qui était le maître-mot des transporteurs. Plus compréhensiblement, le transport en commun était un des secteurs économiques non réglementés : qui pouvait s'y engouffrer, il allait sans restriction. Cette quasi-absence de contrainte livrait ce secteur à une concurrence féroce, qui occasionnait une atmosphère de brouhaha dans la ville. Les autobus privés étaient sans ligne fixe, sans trajet connu. Ils fonctionnaient au gré de leur expérience accumulée au fil du temps. Par tranches horaires, la circulation urbaine était maîtrisée. Il y avait la tranche des heures du travail, la tranche des horaires de l'école, la tranche des horaires du marché, etc., reflétant les secteurs d'animation professionnelle. Une connaissance qui transformait ces autobus et minibus en chasseurs de clients. Tout cela était assujetti à la conditionnalité géographique.

Cette maîtrise des horaires était facilitée par le fait que la société humaine, ici, était à séquence répétée. D'abord, l'emploi : il était essentiellement dans le public.

L'administration étatique était l'employeur le plus recherché ; c'est aussi celui qui proposait le plus d'opportunités de recrutement. Il était géographiquement situé.

Les villes africaines ont conservé jusqu'à nos jours l'héritage colonial. À l'époque coloniale, la ville s'était bâtie autour d'un pôle d'aménagement pour l'habitat de type européen. Pour dire que l'européen était la ville, le centre-ville. Et, l'emploi – l'emploi rémunéré qui n'existait quasiment pas dans la société – allait émerger autour de la vie coloniale. L'administration naissante prenait forme jusqu'à marquer la structure mentale des colonisés. Depuis cette période, le mot ville lui-même avait pris une autre dimension dans le langage courant. La ville, c'est le lieu où habitait le colon. Les zones d'occupation autochtone étaient identifiées par le dénominatif de quartier. Jusqu'à ce jour. Bref ! Ensuite, c'est autour de l'alimentation que s'observaient les grands mouvements de population. Le marché prenait une autre dimension : il était devenu et reste le principal foyer pourvoyeur de revenu.

L'administration avait sa logique. Celle-ci tournait autour de l'efficacité, plus précisément de la productivité du travail. Une telle exigence ne pouvait pas s'accorder avec des préoccupations sociales de l'emploi du grand nombre. L'offre d'emploi était donc ainsi contrôlée. Or, la démographie était déjà galopante.

Le spectre démographique africain, c'est un taux de fécondité très fort, de ce fait une population jeune très importante. Le rythme de croissance démographique est si fort que les investissements sur le plan scolaire n'arrivent pas à suivre. Ce n'est pas la seule raison. Par ailleurs, l'Afrique noire a, là encore, conservé la structure de la scolarisation définie et appliquée par le colonialisme. Seulement, le colon savait pourquoi il imposait cette structuration : il n'avait besoin que d'une main d'œuvre qualifiée, c'est-à-dire scolarisée.

C'est une main d'œuvre qui devait progressivement le remplacer à des tâches qui plus est, concernait directement la vie administrative des indigènes. Une vie administrative que ces derniers n'avaient jamais désirée. Le colon trouvait de plus en plus indigent le fait de s'occuper, par exemple, à la tâche pour l'établissement d'un acte de naissance pour un indigène ; acte de naissance introduit par lui, le colon, pour lui, mais qu'il jugeait être dans l'intérêt de ce dernier. D'où, la scolarisation était le moyen tout trouvé pour mieux se détacher des indigènes ; ces semi-lettrés constituaient ainsi cette main d'œuvre dont on avait besoin pour exécuter les tâches subalternes de l'organisation coloniale, les tâches domestiques comprises.

La scolarisation ne concernait qu'une partie de la jeunesse. Un peu par le jeu d'une géographie des sites scolaires qui excluait d'office certains enfants. Nombreux de ces enfants en âge d'être scolarisé étaient très éloignés des sites scolaires ; dans ces conditions, la seule chance pour intégrer l'école était dans l'importance de la population enfantine dans une zone donnée ; car les enfants pouvaient en groupe faire le trajet du village à l'école, quand aucun adulte n'était disponible pour accomplir une telle corvée cinq jours de la semaine. Des conditions qui étaient un obstacle réel à la scolarisation. Seul le désir du père ou du tuteur de voir l'enfant intégrer le système scolaire colonial pouvait vaincre ces conditions. Voilà comment des enfants pouvaient se retrouver en marge de l'environnement scolaire.

Nombreux étaient ces enfants laissés pour compte ; pas sur le fait d'une quelconque ségrégation sociale par exemple. En ces temps-là, seule la motivation semblait déterminante. Cependant, au fur et à mesure de l'évolution, les besoins coloniaux étaient plus forts, la pression sur l'offre de lettrés devenait plus forte et l'ouverture en bas était plus large ; par l'ouverture de nouveaux sites et l'abaissement de l'âge scolaire.

Un système de sélection assez sévère poussait les élèves vers une culture de l'excellence. Bien mieux, il instillait, un peu pernicieusement, l'idée que ne réussissaient que ceux qui le méritaient, et les autres, les échoués comme on disait, ne devaient s'en prendre qu'à eux-mêmes. On ne pouvait pas soupçonner le système de quelque désir de favoriser la segmentation sociale, la différentiation sociale. Des examens, des mini concours, ponctuaient, jusqu'à nos jours, chaque année de scolarisation. Des examens qui déchaînaient des exactions.

Des frustrations chez ces gamins qui se voyaient rejetés par un système en qui ils avaient mis tous leurs espoirs. Rejetés sans aucune autre forme de procès. Sans alternative offerte. Ceux qui devaient repartir vers les travaux de subsistance, pompeusement qualifiés de travaux des champs. Un travail qu'on avait tant espéré voir s'éloigner de soi. Un travail dur, au soleil cuisant, un corps dégoulinant de sueur ; la sueur du désespoir. Mais surtout du désespoir de s'abandonner à la misère quotidienne.

C'est de cette structuration que les indépendances n'avaient pas pu se départir. La question aurait pu être, pourquoi ? Quel intérêt l'indépendance trouvait dans cet héritage-là ?

Il n'y avait que du danger à première vue. Dans les agglomérations, la rue les attendait. Puis la marginalité. Des oisifs qui devenaient une charge de plus en plus lourde pour leurs tuteurs. D'autant plus lourde que sur leurs épaules reposa l'espoir d'un lendemain meilleur, plus prometteur.

Dans les villages, ce n'était guère mieux. La déscolarisation favorisait l'apparition du phénomène de l'oisiveté. La ville déteignait sur le village. L'oisiveté devenait un véritable défi pour la vie quotidienne.

Pourquoi l'indépendance, cette étape de l'auto-administration, n'avait pas compris que ses objectifs ne pouvaient pas s'aligner sur ceux de la colonisation ? Son intérêt était dans la scolarisation massive. L'élitisme supposé du système colonial était à des fins bien circonscrites. On ne le voyait pas servir les objectifs d'un État qui cherchait sa voie ; un État en construction dont le besoin en main d'œuvre qualifiée était immense. On ne comprenait pas.

Aucune démonstration sur les besoins réellement forts d'une main d'œuvre qualifiée ne pouvait les impressionner. Pourtant, une société quasi agricole ne pouvait espérer un avenir radieux que par le prisme d'une scolarisation de masse ; ce qui, malgré tout, constituait un véritable défi intellectuel à surmonter : ceux qui, se prévalant de l'efficacité du système scolaire colonial qui avait fait d'eux ce qu'ils étaient devenus, ne pouvaient pas supporter de voir ébranler leur foi dans la sélection comme le gage du progrès. Tenaces, étaient les convictions.

La sélection résonnait comme une mise à l'épreuve, une initiation à la lutte pour la survie ; l'épreuve que les premiers avaient subie, que les suivants devaient subir. Or, pendant ce temps, l'ancien colonisateur avait procédé à des modifications utiles dans son système scolaire. L'école était désormais conçue pour anticiper. Elle est la meilleure arme de défense contre le désordre social. Elle procure la meilleure perspective pour limiter la marginalité sociale. Comme telle, l'école doit fabriquer de l'utile et non produire des rebus. Tout le monde ne deviendra pas ingénieur, juriste, écrivain, etc. Mais, le progrès social est mieux assuré lorsque, dans la société, un fort petit pourcentage seulement d'individus n'avait pas la capacité de déchiffrer un message écrit. Rendre tout citoyen capable de jouir de l'autonomie de mouvement, celui qui ne se trouve que dans les écrits.

Une personne née dans les années trente du XXe siècle prétendait avoir été admise au Certificat d'études primaires (CEP). Une structuration mise en place en métropole pour des raisons supposées de performance. Cela en était aussi ainsi dans la colonie. Ce certificat était le premier diplôme sanctionnant la scolarité. En revanche, sa descendance, dans les années cinquante du même siècle, est abasourdie en apprenant cela. Le certificat d'études primaires n'était plus une référence. Le temps avait eu raison de son éloquence. L'intelligence et les aptitudes de l'élève pouvaient être jaugées autrement. En tous les cas, ce certificat ne devait plus constituer un barrage, une première occasion de filtrer.

Le Cep ou pas, les aptitudes réelles de passage en année supérieure étaient désormais prises en considération. Parce qu'elles pouvaient être bien plus fortes. L'objectif ici était clair : l'analphabétisme est le premier ennemi du progrès ; et ensuite, les capacités d'adaptation sont plus fortes lorsque l'individu est doté d'un certain niveau de bagage scolaire et intellectuel. Voilà qui eut scellé le sort du Cep. Pourquoi alors, l'autodétermination ou l'indépendance n'avait pas compris ce message que lance toute société humaine ?

Dans un sens opposé, l'État postcolonial s'était engagé. À contre-courant des exigences de l'évolution sociale, il avait choisi de ramer. Difficile de suivre le raisonnement. Cependant, aussi facile que soit l'évaluation du risque d'une telle démarche, l'obstination politique ne se clarifiait toujours pas. Pourquoi s'obstiner ? Pourquoi continuer d'imposer ce vieux schéma scolaire, quand l'Afrique postcoloniale demandait de la formation pour sa survie mondiale ? Pourquoi s'astreindre à une telle discipline, de telles restrictions, pendant que la cohabitation mondiale exigeait l'abondance de la main d'œuvre qualifiée, spécialisée et hautement formée par le système scolaire ?

Il semblait que le maintien du système de discrimination instauré par la colonisation ait eu quelque charme en soi. Surtout à travers l'émergence dans la société de la catégorie des écrivains. Ceux qui s'efforçaient d'exceller dans l'imitation de l'expression du maître colon, dans les intonations et le timbre de la voix. Mais, aussi plutôt, par la maîtrise assez rapide des techniques de la pédagogie. L'exercice qui consistait à déclamer un texte ancien, français, de quelque auteur inconnu du public, car seule la scolarité initiait à leur connaissance, provoquait l'émerveillement. L'auto-émerveillement d'abord ; puis l'émerveillement d'un public qui, ne comprenant pourtant pas grand-chose, s'attachait plutôt à la personne. C'est l'aspect comique de la scène qui était à l'origine de l'émerveillement. Voilà comment toute la société était bluffée. Saturée par un genre de gags qui provoquait souvent le rire ; souvent contenu du reste, mais toujours apte à entrainer dans une rupture avec la morosité.

L'Africain rit. Le rire chez lui est spontané. Même au bout d'un malheur, il y a souvent le rire. Quand la police, se délestant de la déontologie et du droit de la personne, devant grand public, matraquait, sans ménagement, un prétendu suspect d'un acte prétendument délictueux, la désolation du malheureux lui vint plutôt de l'attitude de la foule. Cette attitude, contre toute attente, eut facilité et encouragé les exactions et autres abus des miliciens pendant la colonisation. Il s'agissait de ce rire inhibiteur de la conscience ; ou peut-être un rire stratégique pour la survie dans un climat délétère, un environnement hostile ; ou peut-être encore, un rire de dépit, contre tout engagement de progrès.

C'est tout à la fois. Dans le cas d'espèce, ce rire n'avait pas conscience de sa responsabilité pour l'avenir de sa société. Rire, accompagné d'applaudissements, pouvait être signe d'acquiescement devant les résultats d'une politique, devant l'instauration d'une certaine forme de ségrégation. Avec d'autant plus de perfidies qu'elle se cachait derrière une prétention, laquelle mettait en avant et en exhibition la qualité de la formation. Ceux qui avaient vaincu les étapes scolaires, pouvaient se considérer comme des élus ; à eux s'offraient les rênes du pouvoir.

Cette époque-là était marquante. Dans les villages, les personnes étant allées à l'école, trônaient d'office sur le reste. Même le niveau trois (3) de l'école primaire procurait du prestige : la colonisation avait réussi à enterrer le système de transmission des messages intercommunautaires local, par l'introduction du papier comme support du courrier, comme contenant du message ; ne pouvait utiliser le papier que celui qui avait appris à écrire.

C'était formidable. Il fallait voir comment un gamin s'adonnait à la transcription, à la traduction, avec une certaine maîtrise. Le message était émis en langue locale usuelle ; la transcription était en langue du colon, le français, l'anglais, l'espagnol ou le portugais. Quatre langues qui trônaient sur l'Afrique noire. Jusqu'à nos jours.

Souvent, la traduction butait sur une expression. La mentalité ne pouvait pas se traduire. Par exemple, dans le parler courant chez l'individu du Congo, la fin d'un message se martelait par une expression bien marquée. Il terminait toujours par :

- « J'ai parlé, moi ton… ; je n'ai plus rien à ajouter ; papa, un tel aussi vous salue ; le neveu dans tel coin…, il est loin et on n'a pas de nouvelles récentes ; mais nous sommes sûrs qu'il va bien ; tel voisin nous a apporté une dame-jeanne du vin de palme, qu'on a bu, nous étions contents…. Bon ! Plus rien à dire ; quand la bouche bégaye, donc il n'y a plus rien à ajouter. »

Elle était bien parlante, cette traduction. Chez le destinataire, auprès du destinataire, le message devait affronter une autre séance de traduction. Celle-ci dépendait du niveau d'instruction du traducteur. Une chose était qu'elle se faisait fidèle en tous points au contenu. Tout était littéralement traduit. C'est le seul moment où le rire pouvait être absent. Curieusement. En réalité, parce que les deux mondes du message ne pouvaient pas se comprendre. La langue locale ne comprenait pas la langue du colon. Pour la traduction, il s'agissait presque de codifier le message. Pas loin du morse. La dé- codification était assurée par la scolarisation. Nous avions pensé, bien plus tard, que les prétentions de déchiffrage des hiéroglyphes n'étaient pas si différentes. Même si, dans ce cas de ces messages, tout se passait dans le même environnement.

C'est plusieurs années après, devant l'incapacité de la formation actuelle à assurer la traduction spontanée par des élèves ayant pourtant un niveau scolaire plus élevé, que repensant à cette période coloniale et postcoloniale, que l'on prend conscience des performances du système scolaire à l'époque ; et qu'on pouvait revoir ce passé, fait de moments de douleur et de gaité.

C'est là que le rire s'exclamait dans toute son énergie. Le rire qui chasse la monotonie ; qui soulage de la dépression. Cette dernière due aux contreperformances de l'école actuelle. Somnolente et dépressive. Alors, comment ne pas conserver une formule qui, semble-t-il, permet de gagner à tous les coups ? Seulement, voilà : une formule, quelle qu'elle soit, ne peut pas se contenter de s'endormir sur ses lauriers. Tout simplement parce que l'environnement, lui, ne cesse de se modifier. Parfois au prix de contorsions très douloureuses, mais cela ne peut pas être autrement.

Le changement est d'une absolue nécessité. L'évolution est une obligation. À moins de faire preuve d'absence totale d'appréhension pour le néant. Ainsi, la société avait besoin de se forger des ressorts de l'évolution. Telle est la nature de l'école. Par cette nature qui crée les conditions de sa propre évolution.

– III-

L'évolution avait ses particularités. Quand on sortait de ce monde contraignant de l'école, bien d'autres secteurs faisaient l'objet de tant d'éblouissement. C'est que, dans un village très reculé, il fut un homme qui provoqua l'éblouissement général. Reculé, disait-on, de tout village sans grandes possibilités d'accès, à une bonne encablure de l'unique voie de communication routière, perdu, d'où la ville avait un rayonnement quasi mystique.

La ville, c'était la capitale politique et administrative de tout un pays, dont les habitants n'avaient qu'une conscience diffuse de son existence, de son territoire, de ses limites. La ville était ce monstre, yeux éclatants, bruit intentionnellement non réglé, nuit chauffée par l'activisme des habitants, lumière resplendissante dégradant le noir de la nuit… Bref ! Ce lieu dont on ne pouvait revenir qu'émerveillé. Même seulement dans le rêve.

Un homme du village d'Abala devint, malgré lui, dignitaire de la contrée. Malgré lui. Ou inconsciemment. Involontairement. Encore faut-il qu'on ne connaisse pas la psychologie sociale du coin. Ainsi, ça se pourrait que ce qui lui valut tant de considération, de déférence, il l'eut construit, savamment entretenu, opportunément distillé. Il était l'homme d'un autre monde. Par son activité antérieure, avant qu'il ne s'installe dans la contrée. Une activité dont il a bien gardé les réflexes. Il ne fut jamais satisfait de la vie du coin. Ce village si reculé. Pour un homme qui avait vécu l'animation bruyante entre deux ports, sur le fleuve Congo, grouillants d'activisme. C'est que, cet homme était de ceux qu'on appelait « chômeurs de Léo ».

Très paradoxal comme qualificatif. Mais, d'office, portant cette veste, on pouvait s'imaginer qu'il était donc un immigré dans ce village. Parce qu'un chômeur de Léo – pour Léopoldville, ville capitale de l'ancienne colonie belge, en l'honneur de son propriétaire, le roi belge Léopold, aujourd'hui, Kinshasa – ne pouvait qu'être un homme aux réflexes si particuliers. Comment ou pourquoi ce qualificatif ?

Était ainsi qualifiée, toute personne ayant choisi le trafic entre les deux villes capitales –les plus rapprochées au monde – pour s'assurer la survie financière. Pourquoi alors chômeur, alors qu'il eût été plus avenant de les qualifier de commerçants tout simplement ?

À cette époque, le parler français local était sous haute influence des parlers ethniques locaux. Les instituteurs avaient inculqué aux élèves une compréhension du terme de chômeur qui marqua les esprits. Chômer pris la tournure d'une recherche hors territoire des moyens financiers de subsistance. Péjorativement, chômer était synonyme de trafiquer. Pour le public, le chômeur de Léo était un homme qui était loin d'être affable, plutôt à la limite de la légalité, un mafieux, qui avait le talent de déjouer la douane. Chômer aurait pu s'apparenter pourtant à trader, de nos jours. C'est, pour avoir séjourné à Léo que ces jeunes gens avaient vite compris qu'il existait un gap de prix entre les deux villes, qu'il était opportun d'exploiter. Ce qui se fît. Mais, comme dit le proverbe, il n'y a pas de fumée sans feu, le soupçon d'une activité à la limite de la légalité n'était pas infondé.

Saint est celui qui aurait su, pu, résister au mirage de l'enrichissement que dégageait Léo. La réputation du Congo belge aux divers minerais était déjà bien établie. Par exemple, le sous-sol de ce pays était riche en diamant. Cette pierre était l'évocation de la richesse ; de l'enrichissement à coup presque sûr, en dépit de tous les risques qui lui étaient rattachés. Des risques vite sous-estimés au regard de la promesse du paradis. Ainsi, certains des chômeurs de Léo n'hésitèrent pas à tenter l'aventure du trafic de diamant. C'est donc cet état d'esprit, celui d'aventure, cette capacité d'errer, sur les activités commerciales, pour ces chômeurs, des personnes libres de toute contrainte, qui est à l'origine de ce qualificatif. Ce sont des preneurs de risques. Or, le goût pour le risque n'était pas culturellement admis. Ainsi, cela n'avait rien à voir avec la recherche d'un emploi. Ce n'est pas non plus à la suite d'une déception dans la recherche de l'emploi que ces jeunes s'étaient tournés vers cette activité. Bien au contraire. L'appât du gain et une vie de liberté, d'expérience entre deux villes capitales, était le seul leitmotiv.

C'était pendant la coloniale, dans les années quarante du siècle passé. C'est fort d'une expérience formatrice que cet ancien chômeur de Léo deviendra, presque tout naturellement, un réformateur, un innovateur, quelqu'un de différent, qui ne sentit pas l'odeur satinée du villageois, mais plutôt, toujours, dégageant un parfum sublimant les esprits de ses nouveaux compagnons de tous les jours. Qui le croisait en chemin en était fort heureux. Son parfum, Ô, son parfum. L'imagination se perdait, tellement son odeur leur était inaccessible.

Par cette magie se dégageant de sa personne, monsieur Itoua Albert, le chômeur de Léo, prit l'ascendant sur les autres. C'était toute une prouesse pour une personne qui n'était qu'un migrant. Son village d'origine était bien loin, pas loin du fleuve. Ce qui expliqua l'opportunité de se lancer dans le trafic. Ici, à l'intérieur du pays, il avait suivi une femme avec qui il allait fonder une famille ; une femme qui était de ce coin-là.

Il acquit la notabilité. Il devint même chef du village, admiré. Un chef de village très avenant ; il avait toujours chez lui une bouteille de vin rouge. Il en gratifiait quelques-uns de ces administrés, selon son humeur du jour. Ce vin rouge qu'il avait lui-même découvert à Léo. Un vin qui fit beaucoup de prouesses. Mais, il n'avait pas que cela.

M. Itoua avait autre chose. Cette autre chose qui provoquait l'éblouissement total. L'odeur du vin était particulière. Et, rien que cela, enivrait. Le monde, autour de lui, était soul, ivre. L'ivresse provoquée par le fantasme ;

par l'imagination ; s'imaginer consommer ce vin et d'en débusquer le goût. Accompagnée par cette autre chose qui illuminait les soirées festives, l'ivresse provoquée par le mirage du vin n'en fut que plus forte.

C'était donc quoi cette autre chose qui pouvait agir sur les neurones des gens ? C'était la lampe Pétromax. Il en avait deux.

C'est parmi les babioles introduites par le commerce colonial. Des babioles qui allaient cependant engendrer une consommation de prestige. Avec la lampe Pétromax, il avait le réchaud. Voilà un autre mot magique. Puis apparaissait le phonographe, la radio. C'est que le chômeur de Léo avait tout cela. Il était alors un nanti.

Dans cette société villageoise, ceux qui possédaient ce genre de biens étaient adulés. Et, comment, donc ? Leurs progénitures pouvaient s'en vanter. Auprès d'autres gamins, ils s'exhibaient comme s'ils comprenaient quoi que ce soit de ces choses. Mais, justement, moins on comprenait, plus l'effet mirage était fort. Cela était recherché par tous. Par le village.

La lampe de la marque Pétromax utilisait le pétrole comme combustible. Elle était dotée d'un système de compression, qui transformait le liquide pétrole dans le réservoir en gaz de pétrole. Une pompe d'amorçage au niveau du réservoir créait cette gazéification. Acheminé par un conduit au bout duquel était attaché un manchon, on l'enflammait. Le manchon brûlait en émettant une lumière très forte, blanche et éclatante. Elle éblouissait. Elle donnait une certaine beauté à l'environnement. Voilà qui pouvait créer la sensation du bien-être.

Le réchaud était sur le même principe : le pétrole comme combustible, une pompe d'amorçage, un tuyau fin comme conduit, et un bruleur. Se produisait une flamme bleue qu'on n'avait jamais vue… Le feu de bois ne fait pas de flamme d'autre couleur que le jaune-orange. Premier point de choc. La cuisson était plus rapide. La concentration de la flamme sur la casserole, en son centre, fit la différence avec tout autre foyer utilisé. Mais, la qualité de la cuisson sembla en être affectée. Les odeurs qui se dégageaient n'étaient pas communes. L'imagination s'en fut bien secouée ; elle allait dans tous les sens ; jusqu'à supputer que les mets furent d'une autre provenance. Toujours le spectre de Léo.

Ainsi prenait forme le système de la violence symbolique qui devait marquer toute la vie sociale sous la colonisation et au-delà. Un système qui devait conduire au reniement de soi, au dénigrement des coutumes et pratiques propres à la société locale, par l'adoption des valeurs de l'autre. La finesse de ce système est telle que la contestation actuelle dans ces sociétés, y compris au niveau intellectuel, se porte plus volontiers sur des aspects peu mondialisant : la beauté par exemple. La conscience a été si bien phagocytée que le degré d'emprisonnement de l'être est fort. Le réchaud, le parfum, le vin, le Pétromax ne constituent que l'infime partie émergée de ce système. L'importance de la partie immergée n'a d'égal que sa résonance dans le système culturel des sociétés locales : le plus pernicieux est dans l'accoutrement, une pratique coercitive, qui représente la finesse de la colonisation occidentale sur toutes les sociétés humaines sur le globe. Cette précision constitue l'ultime excuse pour l'Afrique noire.

-IV-

Comment une société humaine pouvait se restructurer face à la présence d'une autre société humaine, me parut aussi normal comme interrogation. L'attrait exercé par l'autre était très fort. La société semblait avoir un besoin réel : celui de se saborder. Un genre de transhumance culturelle. En tous les cas, l'impression d'une situation de saturation était réelle. La vie sociale semblait avoir atteint son sommet, tout en s'apercevant que le chemin était encore long : celui de la vie. Tellement long, que les outils sociaux à disposition paraissaient avoir atteint leurs limites. Aucune possibilité de sursaut. À l'image d'un athlète qui a tout donné et qui sent ses muscles incapables d'un effort supplémentaire. Alors, l'irruption de l'autre allait constituer la bouée de sauvetage.

Cette étape de la vie sociale était douloureuse. Du fait du tumulte qui, en elle, se produisait. Essentiellement par une trop forte sensibilité à l'arrogance, à la fierté de soi. Une culture est censée trouver en elle-même ses propres ressorts, produire sa propre énergie, qu'elle consomme pour sa propre survie ; disons sa propre reproduction. En tout cas, au moins dans le cas d'espèce, il ne faut surtout pas se hasarder à alléguer que la société qualifiée d'indigène en était à l'essoufflement. Ce qui, dans le sens le plus commun, irait donc dans le sens de la justification de la colonisation : un bienfait social. Quel crime !

Cependant, le temps du devoir a peut-être sonné. Le devoir par le cartésianisme envahissant ? Peut-être pas. En revanche, par l'intellectualité des faits ? Assurément. Et, les faits ont produit l'intellectuel. Quand on a abordé la performance de ces gamins, ces petits écoliers, dans la transcription du message du dialecte local en dialecte dominant et colonisateur — la fameuse langue officielle – la vraie performance était dans la remise en cause infuse du système de la culture locale. Par leur acte, ces gamins vantaient involontairement les mérites du système colonial. Cela ne constitue pas un crime que de le reconnaitre.

N'est pas moins criminel, le fait de distraire l'intelligence par des excès d'humeur qui ne produisent que du faux : comme vanter les qualités de la société, et mâcher ses mots pour soustraire l'intelligence à la réalité, donc au progrès. Quand on cherche à exceller dans le champ de la prose, qu'on adopte la mimique de l'autre, ne serait-ce que pour parader devant les siens, est-ce un crime que de le pointer ? Qu'ont fait les moniteurs de l'époque que nous regrettons, comme la bonne époque, curieusement, celle de ces gamins maîtres de la traduction ? N'était-ce pas l'époque de la perfidie ? Mais, mieux encore, que fait la fameuse littérature africaine ?

Dans un village à quelques distances de la ville, un homme se fit remarquer par sa franchise. Il osait arborer de sa belle rhétorique comme arme contre sa propre culture.

Partout où l'occasion se présentait, il déclamait quelques poèmes de son écriture, dont le contenu était presque exclusivement dirigé vers la stigmatisation de la structure familiale. Selon sa conscience, il proclamait que la stagnation était le seul fait réel de la société. Pour lui, la colonisation subite n'avait été rendue possible que par le comportement atypique de la société locale. Un comportement qui affichait une attitude qui avait favorisé l'installation du système colonial. Cette attitude elle-même due à un système de parenté plutôt très poreux, qui favorisait donc la pénétration et la constitution du système colonial : quand un enfant doit intégrer en lui la primauté de son oncle sur son père dans sa vie, le matriarcat. L'oncle s'en trouve pris entre le marteau et l'enclume, ne pouvant assurer une transmission efficiente des valeurs sociales. Alors clamait-il, « mais le neveu, n'a-t-il pas de père ? ». Il enchaînait aussi sa prose par une énumération des absurdités, selon lui, de la structure sociale locale. Et, il y croyait.

Il le martelait. Jusqu'à un point tel qu'il ne savait presque plus se maîtriser. Maîtriser sa bouche, qui semblait le guider à la place de son cerveau. Certains de ses voisins en eurent mal de ce voisinage. Alors, par le même rythme de ses déclamations, émergeait l'idée qui le poussait vers la folie. On disait, dès qu'on l'entendait jeter ce pavé dans la mare sociale, qu'il était fou ; des voies encourageaient à ne pas lui prêter attention : « ô ! Ne prêtez pas attention à ce fou ». Cela étant, il s'improvisait parfois un débat autour des propos que tenait ce fou. Une victoire pour lui.

Dans cette période postcoloniale, le problème soulevé par la rhétorique du fou, tournait essentiellement autour de l'héritage. Son problème était simple : l'héritage dans le système matriarcal n'était pas de bon sens. Il était même un non-sens. Ainsi, il ne fallait pas s'étonner de la stagnation technique, économique et globalement sociale de cette société. Rien d'étonnant, tout autant, que la colonisation gagna facilement les aires entières, tant celles-ci étaient gangrénées par le non-sens, que le bon sens colonial allait arrêter.

Cahin-caha, la prédication faisait son chemin. On le baptisait du nom de la chose essentielle qu'elle proclamait, la maison. Ce prédicateur d'un message particulier, parce que non religieux, portait le nom de « tata nzo ». Traduction : le monsieur au discours sur la maison de papa. L'héritage de toute consistance qu'un père pouvait laisser à sa descendance.

Dans le matriarcat en Afrique centrale, autour du fleuve Congo, cette nouvelle donne coloniale était l'objet de convoitises. Entre le fils et le neveu, le courant ne passait plus. Le fameux bon sens social de la colonisation butait contre le fameux non-sens de la structure matriarcale. À l'argument essentiel de la nouvelle prédication, on lui opposait une fin de non-recevoir, par un argumentaire qu'on avait du mal à prendre en défaut. C'est que, le système colonial avait tiré profit aussi du matriarcat local.

Mais, surtout, bien des enfants à l'époque, devenus les cadres et autres salariés de la période postcoloniale, devaient leur réussite au système matriarcal. Jusqu'à une période récente, dans des sociétés qui ont d'énormes problèmes d'organisation moderne, la présence de la structure matriarcale familiale est une soupape de sécurité contre l'implosion sociale. Que, à moins de considérer certains aspects sociaux comme des investissements, la question de trancher dans le vif, dans cette histoire d'héritier, reste délicate. Parce que le prédicateur, malgré tout, restait encore incapable d'expliciter le contenu réel de son message ; le fonds sur lequel il était bâti. En effet, héritage pour héritage, pourquoi le fils doit être prioritaire, et pourquoi pas le neveu, puisque si chaque fils est le fils de son père, quand malheureusement se présentaient certains évènements, le plus souvent il n'y avait plus que l'oncle. Ce dernier est donc, dans beaucoup de cas, plus qu'un orphelinat.

Cette société semblait affectionner de catégoriser. Ainsi, ce thème de la folie était presque son credo. Elle semblait en user comme d'une arme pour s'opposer au changement ; pour contrarier le progrès.

Malonga B. est un ancien professeur d'anglais. Cependant, sa véritable passion rattrapait ses origines paysannes. Il aimait malgré tout son métier qu'il considérait comme celui qui pouvait procurer les atouts pour le nécessaire changement social. Car, il s'agissait d'éduquer. Et, la matière à façonner était là : la population rurale. Il s'employait alors dans l'activité agricole pour de multiples raisons dont une était essentielle à ses yeux.

Devant ce qu'il considérait comme une situation paysanne précaire pour les ruraux, il lui parut utile d'apporter la démonstration que la ruralité n'était pas synonyme de précarité. Il se pouvait même que la ruralité soit bien plus attrayante que l'urbanité qui subjuguait les esprits. Et pour cause : le difficile et ingrat travail agricole. Ce qui n'était en réalité qu'un apriori de plus ; une déformation conceptuelle, nourrie par l'extravagance de l'illusion de la ville comme meilleure option pour une vie plus douce. Il voulut en apporter la preuve.

Malonga alias Zapano replongeait dans l'activité agricole. Avec l'avantage de son métier, lequel avait aiguisé chez lui le réflexe de l'observation. Il décelait que le système des cultures associées servait seulement la stricte survie : dans un champ, on y trouvait un peu de toutes les cultures nécessaires au quotidien, avec cependant une culture centrale, généralement celle du manioc.

Ce système ne pouvait assurer une vie plus libre : moins d'assujettissements au calendrier agricole et plus de disponibilité financière. Il sélectionnait alors parmi les cultures courantes celle qui garantissait une plus grande capacité à la constitution d'un revenu plus pérenne. Il se fixait sur la culture de l'ananas. Le sol y était favorable et le débouché assuré. Il restait que les techniques culturales n'étaient peut-être pas les plus appropriées : trop de travail manuel.

Ce passage de la culture agricole à l'agriculture devait se faire accompagner de changement dans la conception du travail. Il s'équipait pour introduire une petite motorisation du travail. Il s'informait des opportunités d'offre des machines agricoles. Auprès des fermes étatiques, il s'approvisionnait en matériels utiles, cependant usagés. Il entreprenait alors cette révolution agricole en se lançant dans la monoculture de l'ananas. Le résultat était bien là, bien content d'avoir réussi son expérience.

L'effet de démonstration attendu ne se produisit pas. L'émulation n'eut pas lieu. Au contraire. Il suscitait seulement ce qu'il n'avait pas prévu et, de toute façon, ce qu'il souhaitait combattre ainsi.

La main d'œuvre paysanne se détachait pour se salarier chez lui. Il s'ensuivit une accumulation du matériel de la petite mécanisation, et une plongée dans le travail manuel qu'exigeait, de contrainte, la récolte de l'ananas.

Le matériel d'occasion cédait rapidement ; il s'accumulait dans sa concession, à la merci de la curiosité de tous. Il y avait un véhicule Toyota du modèle Dyna pour le transport de la récolte. Voilà que Malonga B. s'attirait les foudres satyriques de ses voisins. L'accumulation de tous ces engins alimentait les conversations. Au centre d'elles, l'état supposé de santé mentale de ce prophète qui avait eu tort de penser aux siens. On le prit pour un fou, sans retenue aucune, devant les siens qui avaient du mal à comprendre cette réaction de la société humaine. Rapidement, il était sanctionné. Incroyable comportement populaire ! On le rebaptisait « Malonga ma Dyna ».

Curieuse réaction ! Une société qui ne supportait pas la révolution, qui attendait et espérait que le pire allait s'abattre sur les objets de cette révolution, réduisant l'initiateur à néant. - Il faut reconnaitre à tous ceux qui ont subi cette « fatwa », la force de caractère qui a fait qu'il ne sombre pas dans la dépression ; ce qui aurait l'effet désiré par ce comportement populaire. - Pour enfoncer le clou, ceux-là mêmes qui vinrent se salarier, se transformaient en voleur des ananas.

Voilà pour toute récompense sociale. Cela dissuadait ses enfants qu'il avait initiés à poursuivre dans la voie de leur papa. Ce n'était pas faute de repères dans le mode de vie qui était le leur grâce à cette révolution de la mentalité et de la conception de la ruralité. Une autre raison plus forte, bien plus ardue et inattendue, venait sonner le glas de cette expérience. Elle n'était pas attenante à la structure familiale. Le matriarcat n'y avait aucune responsabilité ; loin de là.

Voici l'histoire d'une personne devenue haute personnalité dans son pays. En effet, il assuma la fonction de président de la plus haute cour de justice de son pays. Une histoire heureuse grâce à la perspicacité de son oncle. Ce n'était pas par un quelconque statut peu enviable. Non. Il n'était pas orphelin. Il était bien auprès de son père et de sa mère. Si tant qu'il y prit l'habitude. Accompagnant son père partout, il avait déjà acquis quelques réflexes utiles dans la vie quotidienne en milieu rural. Il s'y abandonnait.

L'âge, comme un cours d'eau, passait, avançait. La tête sereine, il se voyait déjà, avec un naturel de chien, dans la peau de son père. Bref ! Il était heureux. Ivre de la liberté dans un espace non contenu. Cependant qu'au loin, un autre père, son oncle, un frère de sa mère, décidait de venir rendre visite à sa sœur. Il avalait la cinquantaine de kilomètres qui le séparait de celle-ci en moins d'une journée de marche. Les paysans étaient aguerris à la marche. Chez sa sœur, il passait la nuit.

Ça barbotait. Avec son beau-frère, ça rigolait de temps en temps. Un type de conversation dans ce cas-là, qui tournait autour du sérieux : la santé et les autres nouvelles, les naissances, les mariages, etc.

Le garçon, auprès d'eux, se tenait. Il semblait prendre en admiration la conversation entre ces personnalités, son père d'un côté et son oncle de l'autre. Particulièrement sur son oncle, se posait furtivement son regard.

Il ne le redoutait pas. Il le connaissait par quelques évocations de son existence par sa mère. Les mamans racontent toujours les histoires de leurs parentés matriarcales. Au bout de deux jours de visite, l'oncle posait l'unique question qui était le véritable mobile de sa visite. Il lui avait semblé, dans son esprit, que son neveu n'était pas scolarisé. Il voulut s'en assurer auprès de celui-ci. Il demandait :

- « Vas-tu à l'école ? » La réponse du neveu était par la négative. Alors, il lui intimait l'ordre de prendre ce qu'il pouvait apporter, ses vêtements, parce qu'il devait partir avec lui.

Dans les trente minutes qui suivaient cet ordre, le frère prenait congé de sa sœur et de son beau-frère, et le neveu devant, ils entamaient la marche. Une longue marche pour ce garçon qui allait le conduire dans les sommets de l'État.

Dans son nouvel environnement, il allait devoir s'adapter. Surtout en milieu scolaire, où son oncle, aussitôt arrivé dans son village, se précipitait pour l'inscrire. Car, la date de clôture des inscriptions était déjà passée.

Expliquant la situation de l'enfant, le directeur de l'école s'apitoya, et par admiration de l'acte de cet homme pour son neveu, il dérogeait à la règle. L'inscription et le début de la scolarité se firent là, le même jour et heure.

Sur le chemin de l'école, l'oncle avait eu à lui prodiguer quelques conseils utiles, en guise de mode d'emploi, notamment par rapport à son âge et celui de son nouveau voisinage. Il lui suggérait de se faire petit, pour pouvoir évoluer parmi les plus jeunes que lui. Ceux-ci étaient scolarisés à l'âge normal. Les enfants ayant son âge étaient déjà à la quatrième année de l'école primaire. Mais, il s'y fit.

D'avoir tant d'enfants comme collègues, le transformait. Lui qui n'avait pour coéquipier que son propre père, avec qui il ne pouvait pas savourer les plaisirs de l'enfance. Le nommé Lenga P. allait gravir les marches de la justice, jusqu'à devenir président de la plus haute cour. Son esprit révolutionnaire le conduisit jusque dans les entrailles de l'enseignement universitaire où il innovait en proposant un enseignement dit « du droit traditionnel coutumier ». La politique lui fit aussi un clin d'œil ; il allait goûter à l'ambiance politique en occupant la fonction de directeur de cabinet du premier ministre. Vive le matriarcat !

« Tata nzo » était loin de s'imaginer la profondeur d'une problématique de l'héritage qui se focalisait trop restrictivement sur le bien matérialisé par la maison. Bien que, peut-être, ce choix fût bien calculé pour un impact plus fort. Ce matérialiste ne l'était alors que dans une posture opportuniste, exploitant le symbole le plus visible dans la société. Il prenait cependant un risque démesuré dans cette société peu instruite, qui se laissait captiver par les apparences. À un point tel qu'il ne voyait pas la forme moins matérielle, et donc peu visible de l'héritage : une forme qui, cependant, présentait plus d'espoir pour un sursaut technique et économique de la société. Son message aurait pu être plus positiviste s'il avait entre autres reconnu le bien-service immatériel comme le composé d'héritage le plus appréciable. Entre un père qui laisse comme héritage à ses descendants une maison et un oncle qui laisse un patrimoine en gestion à un neveu, le bon sens ne se dévoile pas d'emblée. Car, ce qui fit réagir de la sorte, c'est bien l'inefficacité de la structuration sociale : celle qui retenait englué dans la pauvreté et la stagnation, tout un système social. Malheureusement, ni la forme matriarcale ni celle patriarcale n'avaient apporté la démonstration de leur efficacité dans le progrès social global.

Cet exemple n'est pas unique. Pendant la période coloniale, ces cas pouvaient concerner plus de la moitié des effectifs scolarisés. Aucun village, sur toute l'étendue du territoire du Moyen-Congo, ne pouvait prétendre n'avoir pas connu cette situation. C'est que cela va plus loin encore. Les pôles de positionnement social étaient connus. Ainsi, même dans le cas du système patriarcal qui cohabitait avec le matriarcat, les choses n'étaient point différentes. Le positionnement de la femme était bien connu. Elle ne pouvait prétendre à aucune initiative. Ce qui ne signifie pas que l'initiative de la réflexion lui fut interdit. Non ! Souvent même, sa participation au travail de mémoire était la bienvenue. Cependant, bien au-delà de son rôle de garante de la culture par sa position dans l'éducation des enfants, avec la colonisation, elle se sentit plus libre de ses initiatives. Du reste, de ce côté-là, le système colonial parut aussi rétrograde que le système local. En effet, c'est avec beaucoup de compassion, peut-être beaucoup de pression de la part de sa religion, qu'il admit une évolution de sa mentalité à l'égard de la femme. Celle-ci sera maintenue longtemps dans le statut de mineur.
— Qu'est-ce qu'un mineur ?
— C'est une personne à qui l'on ne reconnaissait pas les mêmes droits qu'un majeur. Ce dernier était, dans l'esprit de tous, un homme. Comme mineure, la femme ne pouvait

pas jouir de la liberté de posséder. Pour ce faire, la société s'accommodait des attitudes locales. Toute acquisition, qui plus est, devait faire l'objet d'une reconnaissance et d'une garantie par l'autorité administrative, était établie au nom et prénom d'un homme, commodément et généralement, le frère de la femme. Dans cette relation du tuteur masculin pour la femme, elle va œuvrer pour l'émancipation de son frère. On vit alors que le développement du marché urbain deviendra cette occasion jamais égalée, que saisirent nombre de femmes pour se faire un revenu assez substantiel. Un revenu qui devait pouvoir assurer la scolarisation des garçons. Ces garçons appelés à assurer la fonction de chef de famille. Un oncle qui était destiné à soutenir à son tour la réussite sociale de ses neveux. Voilà comment la boucle se bouclait. Ou encore se boucle aujourd'hui. Et, dans ce cadre-là, les plaintes, les supputations, sur l'inefficacité d'un tel système social, ne peuvent paraître que quelque peu absurdes. Plutôt, c'est cette dérive, due à la prédication des temps modernes, qu'il faut stigmatiser, comme fautrice de désordre.

Quel désordre, à quel niveau ?

On assiste, de plus en plus, à des revendications autour de la propriété. Souvent à l'occasion de la disparition de l'ancienne génération. Surtout quand celle-ci n'a pas su communiquer avec la descendance et la génération montante. Peut-être, par peur d'assister à une exhibition de violence. Par crainte de provoquer un tsunami que sa condition physique s'avèrerait incapable de maîtriser.

Même simplement par un montage grossier, mais suffisamment communicatif, accablant les personnes âgées de sorcellerie qui aurait décimé une partie de la jeunesse. Bref ! Une série violente de comportements que peu de gens seraient prêts à supporter.

La malhonnêteté qui gangrène la société, avec la montée croissante de la misère, ressemble à un feu qui couve et explose en faisant des dégâts souvent considérables. Le frère, assiégé par sa progéniture, fait fi de toute reconnaissance envers sa sœur. Or, la parcelle qu'il occupe, où il a bâti sa maison, était en réalité une propriété de sa sœur.

Bien des femmes en milieu urbain avaient développé un flair qui leur permit d'anticiper sur l'extension urbaine future. Par le jeu du marché et de son approvisionnement dont elles se rendirent maîtresses, leur bas de laine était bien dodu. Elles ne connaissaient pas la banque qui, de toute façon, ne leur était pas accessible. Elles étaient déclarées mineures. Pariant sur la crise du logement, elles acquirent des lopins de terrain à bâtir. Malheureusement pour elles, mineures, les titres de propriété étaient établis au nom d'un homme de leur choix. Un choix qui allait tout droit vers le frère.

Avec le temps, enlacés par la vie quotidienne, plus personne ne prêta attention aux nouveaux réflexes sociaux. Plus personne. Se situant encore sur les bons sentiments familiaux, la femme continuera d'aduler son frère. Ce que ce dernier apprécia. Avec une arrière-pensée bien fixe. Il attendait le bon moment pour récuser, réfuter toute version en sa défaveur, concernant la propriété du terrain sur lequel trônait son habitation. Ce jour-là, il brandirait le titre de propriété. Un permis d'occuper, octroyé par les services municipaux compétents. Voilà comment la fameuse modernité fit le bazar parmi les parents qui, autrement, vivaient dans la quiétude.

-V-

Dans un village assez proche de la ville, si proche qu'il était déjà dans la zone d'influence directe de celle-ci, éclatait un conflit de voisinage. Il portait sur la propriété foncière. La famille voisine, dans un besoin d'argent effréné, projetait de céder une partie de sa propriété. Elle exécutait ce projet au détriment de l'autre famille voisine. Sciemment, la partie de terrain mise en vente ne faisait pas partie de sa propriété. Le conflit apparut sur les bonnes relations d'antan. Un litige qui ne pouvait être statué que par le chef du village. La plainte déposée, la justice convoquait les deux parties. À la date imposée, la justice siégeait.

La plaignante exposa les faits de sa plainte. Cette famille était représentée par le plus âgé du groupe. Devant ce tribunal, les autres membres de la famille allaient apprendre l'histoire de leur village. Ce récit se fit surtout à l'intention de la cour et de la partie accusée. Il avait pour fonction de bien fixer les choses, car l'ancienneté des faits révélait aussi les bonnes relations de voisinage qui existaient. Des relations qui firent qu'aucune occasion de discorde ne pouvait émerger. Se retrouver devant cette cour de justice était cette occasion montrant que des évolutions néfastes avaient gagné la société.

La cour ainsi instruite donnait la parole à l'accusée, représentée par une personne adulte, sans plus. C'est elle qui, du reste, était responsable de l'action incriminée. Et, dans un élan de solidarité entre les deux familles voisines, il rebondissait sur les propos de la famille plaignante, présentant ses excuses, reconnaissant son tort d'avoir agi, sans en avoir informé et sollicité la présence de l'autre.

Dans la pratique courante dans la région, la cession d'une ou toute partie d'une propriété foncière, se déroule devant témoins, parmi lesquels figure prioritairement la famille voisine. Car, les limites des propriétés n'étaient jamais bien matérialisées. Quand il y a des cours d'eau, c'était une bonne chose. Les limites suivaient le cours d'eau. Ailleurs, la limite était fixée par les arbres particuliers que l'on plantait. Mais, ce système, ouvert certes, avait fait ses preuves. Rares furent les occasions de discorde entre les propriétaires. Mais, depuis que l'esprit urbain à gagner les esprits, l'appât du gain attire le monde à expérimenter la malhonnêteté, en jouant le quitte ou double.

L'accusée avouait ainsi qu'elle était bien consciente de l'acte qu'elle posait ; qu'elle avait entrepris de jauger le degré de vigilance de la voisine. Ainsi exposé, les deux parties entendues, la cour rendait son jugement.

La famille plaignante fut rétablie dans ses droits. Fort des leçons de cette situation, le chef de cette famille plaignante, hors de la cour, en profitait pour instruire ses ayants-droits sur l'histoire totale de la propriété. Il la restituait en ces termes :

- Notre propriété est connue sous le nom de mon grand-oncle, l'oncle de ma mère. C'est tout simplement parce qu'à l'époque, dans nos coutumes, la femme ne pouvait posséder, surtout pas une propriété foncière. L'oncle étant le chef de famille, un bon chef, avenant, impartial, c'est à lui qu'incombait le devoir de veiller à la cohésion sociale, familiale et extra familiale. Cette position lui valait d'être aussi un bon gestionnaire des finances et des humeurs. Si la famille demeurait dans une vieille propriété, il ne se posait qu'un problème de gestion. Mais, il arrivait, pour une raison ou une autre, que la survie dans cet espace, soit moins aisée ; l'oncle pouvait décider d'une migration. Il prospectait alors, seul ou accompagné, puis il décidait. Sa capacité financière l'aidait à la prise de la décision. Et, il y allait aussi de sa notoriété au sein de sa famille et de son voisinage. Car, n'importe comment, tous les faits et gestes de chaque individu dans cette société étaient connus des autres. Honte à tout homme dont les faits, épiés, montraient qu'il ne fut pas digne de son rang. Le folklore social s'emparait de ce fait, le traduisait dans une chanson, qui était reprise partout. C'était ainsi que la société instruisait, éduquait.

C'est à la suite d'une migration que la famille vint s'installer d'abord sur les terres d'une famille gendre. Mais, un proverbe incite les gens à ne pas abuser de la sollicitude du gendre. On y perd de sa notoriété. Voilà pourquoi l'acquisition d'une propriété était devenue un projet de toute urgence. Le chef de famille, l'oncle et grand-oncle, n'en eut pas les moyens. L'urgence pour sauver sa notoriété devenait telle qu'il fallait à tout prix sortir de cette sollicitude de la famille gendre. Aucun autre, aucun neveu n'avait même de quoi participer à cette acquisition.

Or, il advint que justement, une occasion se présenta. Une famille venait de décider de se séparer d'une partie de sa trop vaste propriété, pour une raison qu'on jugerait aujourd'hui avec humour ou sévérité.

Lorsqu'une famille vivait un dépeuplement, du fait simple d'une faible fécondité des femmes, ou encore d'un excédent des hommes sur les femmes, la reproduction sociale familiale était alors hypothéquée. L'inquiétude de la disparition de cette lignée familiale s'installait. La propriété en venait à apparaître surdimensionnée. On pouvait se séparer d'une partie pour la rendre plus accessible aux besoins agricoles de la famille. Voilà qui fit cette opportunité. Mais, dans les faits, ceci tombait mal. Très mal. Pour les hommes de cette famille qui n'avaient rien. Aucun petit sou pendant que l'urgence faisait pression. Alors, se levait dignement, une personne, une femme, en toute humilité, devant les hommes. De son bas de laine, elle sortait la somme totale du prix demandé. La nièce venait de sauver l'oncle de l'opprobre. En lui remettant ladite somme, que l'oncle se chargeait de remettre au chef de la famille vendeuse.

C'était sous la colonisation. Un vrai paradoxe, ce système. D'un côté, l'ignominie le caractérisait, de l'autre, il apportait malgré tout une sorte de touche émancipatrice, un révolutionnarisme qui ne dit pas son nom, mais dont les effets sont, de temps à autre, observés. Comme l'histoire de cette femme, mère et nièce. Elle était la femme d'un monsieur, domestique au service d'un administrateur colonial. À domicile, car ce couple logeait dans la concession de son maître. Je n'y appliquerai pas du tout le terme de majordome. Cette proximité de vie avait modelé ce couple qui prit exemple sur la vie du couple du maître. Et, comment !

L'administrateur était muté dans l'espace colonial, avec toujours son domestique. Un enfant allait naître lors de cette pérégrination. Et, pendant que l'administrateur colonial était dans l'actuelle Centrafrique, sa hiérarchie mettait fin à son mandat. Il devait repartir en métropole, son pays.

Le temps de la séparation de son domestique avait sonné. Celui-ci, fort de l'expérience accumulée et jouissant d'une épargne suffisante constituée durant son salariat, décidait de s'installer à son compte. Il devenait commerçant en Centrafrique d'abord, puis dans le nord du Congo.

Cette période marquait à jamais cette femme. Revenue dans son village pour des vacances, la famille allait connaitre un moment douloureux : le mari mourait. On est au plus fort de la colonisation, en mil neuf cent vingt-cinq environ.

La dame, désormais veuve, avec trois enfants, trois filles, habituée à un style de vie différent, ne pouvait s'imaginer vivre une vie de soumission, telle que l'ordonnait la société. Elle décidait de trouver refuge auprès de prêtres blancs, à la paroisse de Mbamou. Un village qui doit sa notoriété à l'installation du séminaire pour former les prêtres. Un village loin de tout.

Avec son esprit d'entrepreneuse, elle s'investissait dans l'élevage de porc. La veuve Banzouzi, de son nom de naissance Nkouzou, était cette femme exceptionnelle. Si et tant que cela allait attirer l'attention d'un catéchiste qui la prenait en mariage.

Avec beaucoup d'appréhension, elle acceptait, non sans avoir obtenu quelques garanties, notamment concernant ses trois enfants.

Le mariage allait tenir le temps de trois naissances, trois garçons, sachant que celles-ci étaient le plus souvent bien distancées, contrairement aux aprioris. Ces naissances distantes pouvaient constituer la preuve de la maîtrise du contrôle physiologique. Mais, elles pouvaient aussi être la résultante du climat marital au sein du couple. Ce mariage implosa : incompatibilité de style de vie. Les noms des trois garçons en étaient les témoins. Car, à l'époque, la culture sociétale et sociale, reconnaissait aux parents d'attribuer des patronymes à leur progéniture à leur guise. De la sorte, le patronyme était une forme de datation d'un fait historique, un support de l'histoire, qui comblait l'absence de l'écrit. Cette séparation sonnait le glas de la fin de tout besoin de tuteur : la reconquête de sa liberté d'agir. Une reconquête qui reconstituait sa capacité à entreprendre, à un point tel qu'elle sauvait la réputation de son oncle.

En retraçant l'histoire de la propriété, le dernier fils, du nom de Nsoki, visait à atteindre quelque chose que lui seul pouvait se représenter.

Ce nom exprimait l'esprit sarcastique et provocateur du mari ; dans un autre sens, il était par ailleurs un reproche. Or, un homme ne pouvait pas accepter de reproche de la part d'une femme. Le paroxysme était atteint. Se présentait alors la goutte d'eau qui allait faire déborder le vase : un décès d'une nièce de cette femme, sur le perron de la naissance d'une fillette. Une, qui, sauvée de justesse, ce qui emportait la maman, était récupérée par cette tante. Le mari en était outré.

L'ancien catéchiste en avait perdu son prétendu bon sens chrétien. Tellement, qu'il congédiait sans autre forme de procès sa femme. Celle-ci tint sans sourciller à la survie de sa petite nièce ; elle prenait ses biens, quittait le domicile conjugal, signant ainsi le pacte du divorce.

Dans la société locale, une fille est d'importance primordiale. Sans la femme, il n'y a pas de famille. Voilà pourquoi on ne pouvait se permettre de ne pas saisir toute opportunité dans ce sens. Dans son village, elle se revêtait de toute la détermination pour vivre sa nouvelle vie, en femme s'affirmant dans son autonomie financière. Rien ne la rebutait. Elle passait outre les interdits. Une femme battante, comme qui dirait. Mais le malheur frappait encore une fois sans discernement. Un petit serpent s'était glissé dans sa maison. Il avait pris position sur le haut de la porte, sa tête pendante. En sortant, le serpent qui semblait l'attendre la mordait à la tête.

Elle cria au secours. Dans le village, c'était le moment où tout le monde est au champ. Une personne avait entendu l'appel au secours et accourut, l'antidote dans sa main. Cette réaction parut un peu tardive ; trop de temps étaient passés, le venin avait suffisamment travaillé. Voilà comment la dame exceptionnelle mourut.

Quand l'oncle, le chef de famille, fit ce récit, il voulut fixer les intelligences. Par ce récit, il voulut montrer que la femme pouvait, si elle le voulait ; ce que la colonisation avait apporté de positif.

Les mentalités ayant évolué, il n'y avait plus de risque social de rendre à ce système ce qui lui était dû : l'affranchissement de l'individu du poids social familial, ce qui a libéré les énergies. Un fait finalement reconnu même dans un contexte où l'aventure politique et idéologique, tentait de diaboliser le système colonial. Avec beaucoup de comiques, cependant.

La colonisation, par la voix des nouveaux dirigeants politiques, se sabordait pour muer en colonialisme. L'expression même de la démesure dans le négatif. Mais, quand une objection fusait de quelque part, dans la société, pointant l'accoutrement de l'orateur politicien, l'énervement était au zénith. La question était simplement qu'en fustigeant le colonialisme, en le rendant responsable de tous les maux, ou presque, dans cette société, ne fallait-il pas mettre un petit bémol dans cette appréciation ? Aussi, certains, s'opposant à ce lavage de cerveau inutile, fanfaronnaient par une litanie des faits que l'on pouvait ranger dans la rubrique des gains. Mais, aussitôt, crime de lèse-majesté ! La fanfaronnade recommençait avec l'énumération - très à propos – des bonnes actions du colonialisme. Des actions dont la « coloniarité » était sans encombre, avérée : un bon restaurant, les belles chaussures, les maisons au vaste salon, les voitures, etc.

Le terme de dédoublement n'est pas étranger au vocabulaire usuel localement. Il tient de la force de l'imprégnation de la sorcellerie. Pour autant, sa stature dépasse ce cadre finalement restreint, parce que versant dans le mysticisme, pour épouser un aspect réel quasi physique. C'est qu'il y a un véritable dédoublement de la personnalité dans l'individu colonisé. Un état de choses responsable au plus haut point de la désagrégation sociale.

On entend souvent ce discours qui vante la tradition. Que l'on prenne le temps de l'observer à son origine, on se rendra vite compte qu'il s'agit comme d'un besoin de récréation chez l'individu qui s'astreint plus volontiers à assumer sa colonialité. La tradition est ce moment où l'on revit ses souvenirs de jadis, dans cet environnement de dénuement total, qui imposait d'office la simplicité.

Un petit mouvement de repli, pour un moment de récréation, lorsque le nouveau quotidien se trouve suspendu à votre cou, malgré tout sensiblement lourd, bien que n'occasionnant que la bonne humeur.

Se souvenir qu'on est d'une tradition, que l'on déteste par son comportement, est le problème majeur. Vouloir garder, peut-être bien, conserver, cet environnement dit traditionnel, pour mieux le condamner à la réclusion, voilà qui exprime au mieux ce dédoublement. Surtout qu'on feint d'émettre des regrets sur ce sort dur que cet environnement traditionnel ne mérite pas.

L'imbroglio culturel occasionné par l'urbanisation inventa une nouvelle forme de chasse. Elle était spéciale. Surprenante par l'objet qui attirait irrésistiblement à la pratiquer. Elle entraîna dans la décadence la formation familiale. Une vraie partie de chasse qui avait comme gibier en ligne de mire, le sens profond de l'héritage. Ce sens qui avait produit le respect, la patience, la croyance en la cohésion familiale. Elle tuait la famille pour se nourrir de la cupidité. C'est par elle qu'on applaudissait l'oisiveté, qu'on espérait l'indécence d'une vie sans passion, sans effort, à moins que ça ne soit la passion de la débauche. Voilà qui était le véritable instigateur du conflit de voisinage. Un conflit qui prenait sa source à l'intérieur de la famille. Un conflit qui faisait exploser la famille avec autant plus de latitude que le socle sur lequel reposa celle-ci, la propriété foncière, n'existait plus. Un comportement absurde qui plaçait cette société dans la position où l'élevage le plus simple, celui des poules - ces oiseaux qui défient leur compétence -, leur était presque inconcevable. L'espace leur sourit. Mais, ils préférèrent la course poursuite dans les buissons.

-VI-

Le mélange des genres ! Dans tout cela, où était la responsabilité du système colonial ? Et, où commençait la responsabilité de la société locale ?

C'est là que l'on se souvenait que dans le cadre de l'héritage, un effort important avait été consenti pour donner une légalité à l'illégalité. En réalité, pour une société d'hommes donnée, la pratique est une des formes sociales de la légalité.

C'est le comportement généralisé et courant dans l'environnement social qui crée la légalité. Tant que la pratique n'a pas montré ses limites, il est difficile de faire valoir son illégalité. Tant que l'héritage mettait en jeu l'oncle et le neveu, chaque homme étant un oncle en perspective et son neveu, le système d'héritage ainsi défini ne portait atteinte à l'intégrité de personne, ni à la cohésion sociale.

Pourtant, sous la pression non justifiée de l'acculturation, l'idéologie politique, sous influence de l'idéologie religieuse, se voyait obligée de céder à la tentation de renverser les codes de l'héritage. On peut admettre qu'il avait fallu introduire le quiproquo pour y parvenir.

L'anticolonialiste ne savait plus où se mettre ; il prenait un uppercut bien déterminé. Cependant, il fallait sauver la face. Dieu, arme efficace du colon, veillait. Ce Dieu savait que dans cette société, l'homme était considéré comme un bon-pour-faire-valoir, pour la reproduction. Qu'après avoir accompli son devoir, il devait repartir vers les siens, c'est-à-dire sa vraie descendance, celle que lui avait donnée sa sœur. Alors, à qui devrait aller la préférence héritière, entre son enfant et celui de sa sœur ?

L'élite et le reste des intellectuels allaient affronter un aspect de la vie sociale qui était loin d'être simple. Il devenait urgent de trancher, même si cela devrait entraîner un petit chaos. D'où, compte tenu de tout ce qui précède, annonçait-elle, la sœur qui se serait sacrifiée pour son frère, l'oncle qui eut assumé son noble rôle, etc., moi, l'élite, fort de ma position, par la grâce du système colonial, décrète que désormais, nous ne pouvons pas faire autrement que nous le dicte la situation. Celle-ci nous dicte de tenir la bonne mesure des faits, lesquels statuent en faveur du zigzag sociétal.

Voici comment seront désignés les héritiers : pour un père, sa progéniture est héritière à cinquante pour cent ; la famille, c'est-à-dire tout le tralala qui prétend avoir poussé dans la vie – ce qui souvent n'est pas exagéré – est héritière à trente pour cent ; enfin celle sans laquelle je n'aurais pas eu de progéniture, mérite bien sa récompense à vingt pour cent. Ainsi dit, proclamé et zingué.

La représentation des villages applaudissait. Sans savoir, malgré tout, si elle applaudissait le quiproquo insidieusement distillé par le système colonial. Ou si elle se réjouissait de la capacité de résistance de la culture locale à la vindicte coloniale.

On se congratulait dans l'assemblée, comme le colonialisme l'avait appris. On en sortait bien rayonnant, le visage d'une sérénité à la naïveté sans égale.

— Récapitulons : Nous proclamons donc que l'enfant est l'héritier au premier degré, suivi de la famille à un degré en dessous, puis de la femme à un degré en dessous du degré lui-même en dessous du degré de l'enfant.

Des esprits bien conditionnés par les religions coloniales avaient tenté de manifester leur désaccord. La loi était, selon eux, ambiguë. En fait de loi, c'est tout un code de conduite qui avait été émis. Très volumineux. Parce que, avec tous ces jonglages qui avaient contribué à sa confection, on ne pouvait s'attendre qu'à cela.

Ces jongleries commençaient avec les définitions. Comment fallait-il comprendre la famille ? La réponse infuse dans le texte est : par le mariage, la famille se forme. Et, qu'est-ce que le mariage ? Là encore, on rentrait dans le champ de l'indécis. On déclarait que le mariage est un acte socioculturel que pose un couple devant des témoins. Ainsi conçu, nous déclinons le mariage en : mariage à l'état civil ou encore mariage officiel et mariage coutumier.

— Si l'on comprend bien, objectait l'anticolonialisme non militant, par coutumier, on veut dire non-officiel ?

Devant tant de questionnements qui auraient pu avoir raison de toute décision, nous avons dû trancher par rapport à l'intérêt général. Finalement, se dit-on, toute loi n'est que l'assentiment du moindre mal. Nous nous devions de reconnaître que des personnes se sont sacrifiées pour que d'autres aient une vie plus aisée, et qu'il est donc normal de reconnaître ce sacrifice. Qu'ensuite, nous ne pouvions que reconnaître la logique qu'il y a dans le caractère naturel de l'enfant comme héritier de son père. Enfin, que la femme mérite ce rang d'héritière de son mari, parce qu'elle a consenti nécessairement des sacrifices à quelque niveau que ce soit pour le bien-être du mari.

Ainsi, dit, proclamé et zingué.

Cependant, même zingué, la réalité sociétale ne le prenait pas de cette façon. Au moment d'hériter, les joutes oratoires émergeaient. Même quand on recourait à la justice pour le bien de tous, soit les enfants, le plus souvent, ou les neveux, s'engagèrent dans des procédures peu conformes. Les choses ne se passaient jamais aussi simplement que le Code de la famille les avait consignées.

Comment cela aurait-il pu être autrement ? Puisque la vraie question n'avait jamais été abordée : qu'est-ce la propriété ?

Oui, avant de se précipiter à régler le problème apparent de l'héritage, encore fallait-il commencer par circonscrire la propriété, dans sa forme notionnelle. Car, jusque-là, personne ne possédait pour soi-même. La propriété foncière était toujours collective. Et, même dans le cas d'une acquisition financièrement parlant n'ayant mis en jeu que la position financière d'un individu, celle-ci, par un mécanisme de réflexe sociétal, devenait collective. Ainsi, il n'y avait pas de propriété individuelle sur le foncier. La seule propriété tolérée concernait l'habitation. Et, même !

Cette règle sociétale observée avait pu faire dire au colonisateur que la propriété n'existait pas. Ce qui lui donnait plutôt l'occasion d'une conscience tranquille, quant à son projet d'expropriation qui devait lui fournir l'alibi de l'asservissement. Projet qui sera mené sans encombre, en instillant dans cette société locale, une autre forme de la propriété.

La propriété, l'héritage, le mariage : voilà un trio fauteur de troubles sociaux. Parce qu'il constitue la porte d'entrée des torpilles coloniales qui devaient imploser la société locale. Ce trio est, en définitive, l'esprit de convoitise et peut-être de la recherche de liberté qui sommeillait dans l'individu. Peut-être ! Ce qui est sûr, c'est que le torpillage n'a été facilité que par des dispositions comportementales de la société locale. Ou plus opportunément, du degré de naïveté que l'on qualifiait parfois d'esprit d'ouverture de la société : sa propension au suicide.

Le colon était aussi ethnologue, une qualité qui lui permit d'asseoir une stratégie pour un contrôle social. Le système colonial gratifiait certains chefs de famille du titre de chef de terre, chef de canton, etc. Des gratifications qui n'épousaient pas nécessairement les convenances locales. Premier point de marqué par cet envahisseur. La société locale n'y opposait que son éternelle indifférence, sans en estimer les conséquences. C'était la pratique dans les années vingt du XXe siècle.

Un chef de canton avait neuf (9) épouses. Dans son canton, la joie de vivre régnait. Puis vinrent se présenter des coloniaux religieux de l'Église protestante. Des Nordiques en Europe.

Ah ! Cette Europe coloniale, qui se sentit une mission si civilisatrice, confiée par sa seule conscience ; elle appela la participation de tous les pays : l'Italien, l'explorateur ; le français, le colonisateur ; le catholicisme romain, suivi du protestantisme nordique suédois, l'adoucisseur des mœurs et activateur de la mission civilisatrice.

Dans ce canton bien loin de la ville capitale, des Suédois s'aventurèrent. L'accueil indifférent des populations les rassurait. Ils s'y plurent. Ils contactaient le chef de canton et lui faisaient part de leur désir de s'installer. Très avenant, le chef les contentait. Sur une colline, au sommet, ils décidaient de s'installer. Au pied de la colline, le grand village d'où administrait le chef son canton, vivait au rythme de l'existence.

Les Nordiques entreprenaient les travaux d'implantation de la mission protestante évangélique. Les villageois y étaient employés comme main d'œuvre. Nécessairement bon marché, le chef de canton s'étant impliqué pour que l'exécution du projet aille sans ambages.

Il était convaincu du bienfait pour son village de la présence de cette mission religieuse. Par exemple, ce village allait être l'un des rares de tout le pays à jouir d'une installation d'eau courante. Privilège urbain que beaucoup de grands villages devaient lui envier à l'époque. Des robinets publics étaient installés, à distance bien calculée pour le minimum d'efforts de la part des femmes et des enfants qui assuraient les corvées d'approvisionnement en eau potable.

Tout le monde était satisfait, dans cette transaction gagnant-gagnant. À une cession gratuite du terrain, officiellement validée, la moindre des choses, pouvait-on être tenté de dire, était que ce geste en retour des coloniaux religieux suédois, soit la meilleure réponse.

C'était plutôt exceptionnel. Ce geste semblait être rattaché au trait de caractère suédois. Ou relevait d'une stratégie d'enfumage pour mieux imposer leur prétention.

À peine venait-on d'en faire le constat que, comme un heureux fait divers, le colon religieux suédois commençait à vociférer. Voici la situation :

— Bien avant l'arrivée de ces spécialistes de la prédation culturelle, le chef de canton, le nommé Samba Ndongo, élevait le porc. À l'air libre. Tout élevage se faisait ainsi. Cela supposait – encore que cette pratique n'a pas totalement disparu en milieu rural – que pour les populations, la cohabitation avec les animaux était relativement normale. Bien que de temps à autre, un litige pouvait naitre quand le bétail, qui est herbivore, s'attaquait à une culture d'un tiers. Cela n'empêchait pas que l'élevage se poursuive. Et pour cause : cette forme d'élevage se faisait en association avec les autres activités rurales. Il n'y a jamais eu ici d'éleveur exclusif, ni d'agriculteur exclusif. On est les deux, tout le temps.

Voilà qui avait pu immuniser la société contre les plaintes, les conflits entre deux catégories sociales qui n'existaient pas. Le plaignant, aujourd'hui pour une culture qui aurait été saccagée par l'élevage de son voisin, sera demain l'accusé dans une affaire similaire.

Les prédateurs culturels ne connaissaient pas ce système d'élevage. Les porcs, errant jusque sur le terrain de la mission évangélique, provoquaient l'indignation de ces derniers. Ils s'en plaignaient, fort de leur droit ; celui que leur attribuait leur civilisation arrogante. Ainsi, ils intimaient presque l'ordre au chef de canton de passer immédiatement à l'élevage en stabulation. Ce que la population locale ne conçut point.

Alors, ils abattaient les animaux. Puis, prenant prétexte de ce fait, leur nature ignoble les incitait à s'attaquer à l'intégrité de la personne juridique. Le chef était accusé d'avoir mal intégré les principes moraux que paraissaient receler leur prétendu livre de toutes les vérités. Ce qui lui donnait le caractère d'un livre saint. Pourtant, le chef avait seulement cédé un terrain. Peut-être qu'il avait ainsi agi, parce qu'il espérait que le projet comporterait un aspect structure de santé et une école. Ainsi, il avait vu juste. Mais ces arrogants culturels prenaient cela pour une volonté manifeste de conversion religieuse du chef de canton. Sur cette base, sans fondement, ils stigmatisaient l'état de polygame du chef de canton. Il avait neuf épouses.

D'un côté, les porcs qui, errant, empiétaient sur le libre mouvement de ces bienfaiteurs d'un genre douteux ; de l'autre, ce sont eux, qui, faisant fi de la culture des autres, se lançaient dans des diatribes sans raison. Alors, un climat d'animosité s'installait entre le chef et la mission, jusqu'à sa mort à cent six ans : né en mil huit cent cinquante-et-un, et décédé en mil neuf cent cinquante-sept, le vingt-six mai à onze heures. Il n'y avait aucune justice possible pour arbitrer. La culture de l'autre était aussi juge. Elle n'était jamais justiciable.

Ce qui arrivait à cette société locale, elle en était la seule comptable. Par son excentricité, sa trop grande tolérance. Et, sa naïveté qui permettait à l'autre de tirer profit de la situation. Lorsqu'on liste les reproches à l'endroit du système colonial, on en oublie un essentiel : c'est celui sur la capacité pour cette société locale à transcender ses propres contradictions. Pour conserver sa dignité devant l'étranger, il faut lui présenter la cohésion et la fierté de son identité. Sinon, quoi de plus naturel que celui-ci se saisisse de l'opportunité qui se présente pour s'imposer. Ainsi est la loi dans la nature.

La convoitise n'est pas un talent louable. Elle est le commencement de la négation. Pourtant, elle est presque une valeur sociale dans certaines sociétés. Cependant, elle est la première cause de la perte d'identité. Le royaume Kongo périclita par la prise de pouvoir de la convoitise au sein de l'organisation. Il allait imploser à la grande surprise et joie de la barbarie. Le colonialisme s'en frotta les mains.

Le chef de canton avait-il eu la bonne intention ? N'était-ce pas que, par de tels réflexes, on eut hypothéqué l'avenir de la société ? Mais le chef de canton était-il en instance de divorce avec sa propre culture et pour quelle raison ?

Pendant un moment, on s'est cloitrés dans le questionnement. À la faveur d'une session bien nourrie par des attitudes contradictoires. Tous ces alphabétisés à la langue du colon qui rivalisaient d'ardeur, qui, pour attiser le feu de l'intégration — la déculturation –, qu'un autre pour tenter d'en retarder l'échéance. Les premiers excellaient dans le rendu, par l'écrit, des témoignages sur la vie glorieuse des aïeuls. Avec comme objectif de susciter le débat sur la conscience de l'existence de leur culture. Les seconds choisissaient l'action directe pour accélérer la conscientisation de la population tout entière. Par conséquent, on comprend, qu'il y avait, pour un même objectif, le volet littéraire et le volet politique. Dans les deux cas, cependant, le message était sur le même support linguistique. Ce qui faisait que, contrairement aux apparences, tous les deux volets poursuivaient l'intégration dans le modèle colonial. N'était-ce pas là déjà qu'il y avait problème dans ces sociétés humaines ? Problème difficile à qualifier, parce que trop limpide, ce à quoi on n'était pas préparé.

-VII-

Il y a toute une période où il ne parut pas opportun de suggérer une telle revendication : celle de l'après indépendance. Parce que, l'indépendance était un moment de défi. De grands défis à relever pour les qualifiés d'intellectuels. Parce que les choses ne paraissaient pas suffisamment claires ; ce qui devait aider à définir la stratégie pour assurer la continuité de l'œuvre coloniale puis la faire évoluer. Ainsi, ils n'allaient pas tarder à voir dans la nature du défi. Globalement, disons celui du progrès. Nous disons bien globalement. Car, personne ne savait donner un sens au progrès, si ce n'était le mimétisme.

Revenons à l'avant indépendance. Il était un homme très écouté, un acteur politique de la première heure, sur le chemin de ses ancêtres au XIXe siècle. Un siècle marqué, plus brutalement, par l'action coloniale qui rencontrait le refus de l'occupant. La fin tragique de ces premiers acteurs politiques instruisait la génération montante sur la prévarication coloniale.

Cette génération montante allait adopter une tout autre logique : éviter l'affrontement en reconnaissant d'office l'intégration comme la problématique la plus apte à assurer la survie. Toute une thématique de la libération en rupture avec le passé, tenant mieux compte des capacités réelles des sociétés tribales à se prendre en charge dans le contexte de la communauté nationale nouvelle. Ainsi, émergeaient sur la scène politique, à partir de la scène religieuse, des acteurs politiques locaux. Un certain Kimbangu Simon du côté gauche du fleuve Congo et Matsoua A. Grenard, du côté droit, tous deux, admis par le colon religieux au certificat d'aptitude à convertir à la religion coloniale, les populations locales. C'est fort de l'expérience d'entretenir un auditoire, qu'ils allaient être portés sur les fonts baptismaux du leadership, formulant des revendications sociales, en empruntant les deux sentiers qui s'offraient à eux : le religieux pour Kimbangu, et le politique pour Matsoua.

Pour une revendication, il ne s'agissait pas d'une scission que seule la continuité du parcours des aïeuls aurait permis. Il n'y avait pas l'intention consciente d'une véritable révolution sociale. La revendication était la même : tous les hommes sont égaux. Kimbangu, le premier, tentait d'afficher une attitude en conformité avec une révélation divine qu'il avait eue : le Dieu du colon n'était pas exclusif des peuples indo-européens ; voilà pourquoi, il a choisi de se révéler aussi à un Noir, qui avait de ce fait la mission toute sacerdotale d'évangéliser ses frères de culture.

Matsoua n'était pas si éloigné que cela de cette problématique humaine de Kimbangu. Il se démarquait par son positionnement sur le social exclusivement et c'est par excès de susceptibilité du système colonial qu'il allait être happé dans le positionnement politique. Sa problématique tournait essentiellement autour de la prise en compte de la personne humaine du Noir, et donc du traitement qui devrait l'accompagner. Une attitude beaucoup plus syndicaliste que réellement politique. Ainsi, s'il était devenu homme politique, c'est tout simplement que l'action syndicale se déroule presque toujours à la porte du politique ; ce qui la plaçait dans un face-à-face où le politique déteignait sur le syndical. Matsoua demandait plus de dignité pour l'être humain Noir et cette revendication était perçue comme vindicative contre le système établi ; un système qui se fondait sur l'exploitation du facteur « travail » quasiment gratuit pour le bien-être du système. En d'autres termes, il demandait la reconnaissance de l'utilité du travail des Noirs quand ils étaient employés ; ce qui supposait une rémunération plus conforme.

Ainsi donc, leurs prétentions, celles tout au moins affichées au grand jour, ne s'accordaient aucunement avec les velléités des ancêtres. Ils pouvaient revendiquer la succession et être reconnus comme tels par les générations des indépendances, pour leur aisance au syncrétisme.

Fondamentalement, leurs actions respectives allaient dans le sens de l'affirmation de la culture du colon comme une bouée de sauvetage de laquelle semblait dépendre la survie culturelle de la société locale. Et, pourtant, crime d'hérésie que de le relever, surtout sous cette forme.

Et, pourtant !

Qu'espéraient-ils, ces deux-là ?

En suivant leur cheminement, il apparait tout bonnement qu'ils s'engageaient dans un cul-de-sac. Cela ne leur apparut pas de toute évidence, à l'époque. Ils étaient dans la ferveur du sillage des actions entreprises par les anciens contestataires de la suprématie de l'idéologie apportée par l'étranger. Ils croyaient que la disparition de ces derniers était due à l'incompréhension qui était la leur du système culturel de l'étranger, ainsi que de la prise de conscience de son avance technique.

L'action de ces opposants de la première génération à l'invasion coloniale pouvait être évaluée différemment : la problématique stratégique de ces deux grandes figures de la revendication humaine semblait, à tort, relever l'inconsistance de l'évaluation de la capacité du système colonial en ce dix-neuvième siècle finissant ; sur le fait qu'ils n'avaient pas une connaissance approfondie de leur société : une société en proie à des luttes internes, souvent peu visibles, d'un type silencieux, mais aux capacités dévastatrices à hauteur des enjeux.

Pour Kimbangu et Matsoua, la société avait besoin d'un nouveau souffle. Elle avait un besoin fort de changement qu'elle ne parvenait pas à induire par sa propre dynamique. L'étranger était donc ce ressort qui permettait de réaliser ce qui s'imposait.

Dans la forme de leurs revendications, ils acceptaient la présence réformatrice de l'étranger. À condition toutefois que celle-ci fût à même d'admettre que les individus humains ont tous droit à la considération et à la dignité.

Adoptant la stratégie du caméléon, qui consiste à se fondre dans le milieu, ils croyaient parvenir à faire plier l'étranger sur ces droits. Ils allaient connaitre la désillusion.

Par un heureux coup de chance, leur mémoire allait survivre au travers des pratiques religieuses pour Kimbangu et quasi-religieuses, à défaut de politique, pour Matsoua.

Ces héros, malgré tout, n'ont pas eu après leur disparition la reconnaissance qu'ils méritaient.

Tant d'années étaient passées avant que Matsoua ne soit réhabilité dans la mémoire collective. Les élites après indépendance ne le jugeaient pas digne de reconnaissance par la nation. Dans la ville capitale où la tradition de reconnaissance nationale s'exprime, de façon commune dans la pratique au niveau mondial, les statuts qui y trônent sont ceux représentants les hommes politiques qui lui doivent leur existence, les saltimbanques, et c'est tout. C'est, presque toute honte bue, qu'on érigeait une statue à sa mémoire dans un petit bourg de campagne, ramenant ainsi sa stature à ce qu'il représenta en réalité : l'acteur d'une lutte anticoloniale à caractère tribal.

La mémoire de Kimbangu a été sauvée de l'évanouissement par la forme même du combat revendicatif qu'il mena. Son seul vrai monument est désormais présent, fièrement debout, sur les deux rives du fleuve Congo, dont l'expression est à caractère religieux.

Un de ces premiers indigènes cooptés par la colonisation jugea avec une certaine dose de sévérité l'action politique de Matsoua. Ce qu'il lui reprochait, c'est son impatience politique. S'il lui reconnut le mérite d'avoir compris les problèmes qui se posaient, il semblait n'avoir pas su prendre la bonne mesure de la situation sociale et politique. Les revendications, oui ; mais encore, fallait-il choisir le bon moment pour les poser. Parce que Matsoua était en avance sur sa société ; c'était un éclaireur. Comme tel, il devait tenir la lampe le plus longtemps pour éclairer le plus de monde, afin d'être mieux formé, apte à se prendre en charge. Ainsi aurait-il mieux préparé la succession à l'indépendance. Encore fallait-il que le système colonial lui en laissât l'option.

C'est tout le problème de l'histoire. Elle est souvent prise entre une fonction d'information et la tentation d'une fonction de justice. Quand elle dit, c'est mieux ; quand elle juge, ce n'est guère très édifiant : elle ne peut juger qu'avec des dispositions morales dictées par une actualité différente de celle de l'époque du fait historique. Ainsi, cette appréciation de l'action de Matsoua pouvait porter autant sur celle de J. Opango, Adada, F. Tshikapa, et même du très célèbre Lumumba P. E. ; tous, des successeurs de Matsoua qu'on ne qualifiera pas de Matsouanistes de première heure.

Une chose est certaine : le colonialisme avait vite fait de voir dans toute tentative de revendication, une action politique à son encontre qu'il n'était pas bon de laisser se développer. C'est cette action coloniale pour empêcher le développement de la conscience indigène qui a fait le lit de la célébrité de ces acteurs politiques.

Ainsi, à l'indépendance, le pari du progrès portait sur les capacités intrinsèques de la société à accélérer l'intégration socio-culturelle coloniale ; ou la désintégration des structures sociales et culturelles des sociétés locales pour s'assurer détenir les clés du progrès. C'est pourtant à ce moment-là que le drame s'exhibait dans toute sa dimension. En effet, on considérait comme acquise toute la structuration sociale, administrative, religieuse, économique et monétaire laissée par le colon. Il s'agissait d'assumer l'héritage, et de lui assurer un avenir constructif. Le premier pari portait sur l'acculturation : le prénom chrétien, colonial, devenait une source de fierté sociale, à la limite de l'ascension sociale. Le nom du père, malgré l'effort accompli dans ce sens, portait la déchéance de la tradition. Quel était cet effort consenti ?

Le nom devenait un patronyme. On l'héritait de son père. Cela, à l'encontre de la culture bien marquée dans ces sociétés dans lesquelles le nom était tout un symbole. C'était un lexique des évènements. La femme et le mari avaient autant de liberté pour donner un nom à leur progéniture. L'inspiration venait du cours des évènements sociaux, surtout. Un système que la religion coloniale combattait de toute son énergie, avec réussite.

Désormais, le droit de la femme de donner un nom était aboli. Seul l'homme, le chef de la nouvelle famille, en avait le droit. Son nom devenait le nom de la famille, en conformité avec la nouvelle donne par la religion coloniale. Dans cette lancée, la conception du mariage colonial s'imposait. D'autant plus facilement qu'il induisait des effets salutaires pour la femme et pour le mari. Surtout la femme, qui était honorée du titre assez prestigieux de « madame ». La disparition de son nom et la reconnaissance par le nom de son mari, étaient tout ce qu'il y avait de plus gratifiant. Pourquoi et comment ?

Ainsi naissait le dandysme. Puis le second fait du pari, c'est le langage. Il fallait les voir, s'étripant sur le perron de la maîtrise de la prose, dans la langue désormais officielle du colon. Que l'ancien colon apparaisse sur la scène politico-administrative, voilà que les coqs, au plus mélodieux, chantaient de toute leur voix, du coin de l'œil, observant l'attitude de l'honorable colon. Car, on cherchait sans cesse sur son visage, le moindre frémissement de plaisir tiré de la preuve tangible sous ses yeux, que les choses laissées étaient intangibles. Le piège colonial s'était bien refermé sur ces populations. Si bien qu'il leur était impossible de s'en apercevoir.

Toujours et encore rattrapés par les fables. L'image d'un bourgeois gentilhomme qui se découvre faire de la prose sans le savoir. Ainsi donc, faisions-nous du colonialisme sans le colon, sans le savoir. L'indigénat n'avait pas à avoir besoin de muter. Il continuait son bonhomme de chemin ;

sans le Blanc, avec un Noir-Blanc, ainsi que la linguistique locale inventait cette nouvelle catégorisation sociale. Très à propos.

Il n'y eut aucune tentative de rébellion à son égard. Pas de holà !... Bien au contraire.

On se reconnaissait aisément dans cette nouvelle catégorisation dont l'assise était plutôt administrative. Il fallait les voir. Hommes de haute culture coloniale, femmes affranchies par le statut de ménagère, enfants aux dents cariées par la masse variée des bonbons ; du beau monde exhalant un parfum aux effluves enivrant l'environnement, voilà de la catégorie sociale des Noirs-Blancs.

Le statut de ménagère, pour la femme, était très rentable. Sociologiquement, par l'artificialité qu'il introduisait dans l'être de la femme. Passer de la travailleuse acharnée pour nourrir la famille, sous le soleil, courbée, souvent le visage involontairement maquillé par le bois noirci des champs, au travail domestique moins avilissant à leurs yeux, voilà une bien belle réalité qu'on devait à la colonisation. Cela laissait surtout le temps à l'impossible de muer en possible. La femme prenait conscience de la divinité de son corps. Ah ! Vive le colon ! S'écriait-on par les attitudes affichées. Car, les hommes aussi tiraient une grande satisfaction psychologique du mannequinat qui haranguait la communauté.

La cuisine eut évolué. Le corps avec. Les bars-dancing apportaient une touche de gaieté à la vie. Ce qui n'était pas rien. Les intellos reconnaissaient eux-mêmes que cet environnement, d'un gestuel séduisant, est l'explication la plus descriptive de l'exode rural.

Des histoires sur la rencontre avec le milieu urbain apportaient la gaieté. Toute cette animation, le marché très exubérant, et plus encore, ce marché qui se tenait jusque tard dans la nuit. Les étalages, la concurrence, les différents modes de cuisson, la possibilité pour un homme célibataire de manger comme il se doit... Seul l'environnement urbain pouvait offrir cela. Encore, hommage à la colonisation.

Manifestement, il y avait des contradictions profondes au sein de cette société locale. On avait beau se torturer l'esprit, on ne trouvait pas une autre explication sereine à l'implantation coloniale. Certains esprits, prétendant jouir encore de leur liberté d'action et de penser, objecteraient que c'est la violence qui avait eu raison de la combativité de la société locale. C'est aussi reconnaître, par-là, la supériorité technique de la civilisation européenne sur la civilisation locale africaine. Mais était-ce suffisant ? À moins de jongler avec le mot violence. Par exemple, la violence de l'attrait exercé sur la conscience des individus locaux par les choses présentées par l'européen ; la violence des nouveaux rapports sociaux présentés par l'organisation sociale de la culture européenne ; la violence de la notion de liberté qui se dégageait du mode de vie européen....

Analysant avec beaucoup de parcimonies les premiers moments de certaines actions coloniales, on a pu faire ce premier relevé : la stratégie d'infiltration du système social local. Cela commençait par le repérage des failles et ensuite la détermination des formations stratégiques très opérationnelles à mettre en place : ainsi de la formation de prêtres noirs dans l'Église catholique, les premiers employés locaux, et bien d'autres.

On ne saurait résister à l'idée qu'un certain charme se dégageait du mode de vie de l'européen colonialiste, lequel avait vite pris de court le mode de vie locale. Dans l'absolu, voici la question :

- Qu'est-ce qui avait pu motiver les individus à s'assujettir, même par le travail, à l'étranger, si ce n'est que la société locale et son environnement n'avaient plus de ressort suffisant pour se dégager d'une situation de blocage dans laquelle elle se serait retrouvée ?

- Comment l'on pouvait passer de la méfiance de l'étranger, comme attitude sociétale, culturelle, à s'agenouiller devant ce dernier, comme stratégie de survie individuelle d'abord, puis collective, ensuite ?

- Qu'est-ce qui aurait pu pousser une société qui est sur son terroir, depuis tant d'années et siècles, vers le salariat au service de l'étranger ?

Sur l'autre versant de cette colline de la perfidie, surfe la religion du livre. Pourquoi et comment la décision de former des prêtres noirs dans un secteur qui était considéré comme clé dans la mission civilisatrice ? Difficile de répondre à une telle question. On sait que, soupçonnant les réticences de la part de cette société, si religieuse par ailleurs, pour embrasser cette nouvelle forme de foi, une stratégie allait être déployée à cette fin. En quoi consistait-elle ? Essentiellement en procédant par l'isolation dans la société d'une catégorie qui auparavant n'existait pas : l'orphelin. Surtout de l'orphelin des deux parents. C'est dans cette catégorie qu'on allait piocher. Mais, auparavant, il fallait commencer par un travail bien orchestré de prédication sur l'orphelin. Convaincre ceux ou celles qui n'avaient plus leurs parents géniteurs, de leur état d'abandon, de manque de sécurité, de manque d'affection. Les convaincre, parce que, de toute évidence, dans la structure parentale matriarcale locale, même avec les parents vivants, un enfant avait tout loisir de grandir ailleurs, chez un oncle, chez sa sœur, son frère. Les aspects prétendument vitaux de sécurité de l'enfant, d'affection, n'avaient aucune coloration individualiste. La sécurité, l'affection, l'enfant les trouvait dans son lignage, pour emprunter à l'ethnologie colonisatrice. Pourtant, là encore, la mission civilisatrice, par un tour de prestidigitation bien maitrisé, allait parvenir à inoculer l'idée qu'il y avait un problème d'orphelin. Pour le résoudre, elle cherchait à puiser dedans. Ainsi, les premiers individus locaux convertis au nouveau dogme seront des orphelins. C'est aussi parmi les orphelines que seront choisies les femmes que l'on préparait à une vie de famille à la mode européenne. Mais, tout cela qui émaillait la vie quotidienne dans la colonie, vers la fin du XIXe siècle jusque vers les années trente du XXe siècle, n'était possible qu'avec une certaine duplicité de la part de la société locale.

Cette idée est difficile à soutenir parce qu'elle écorne la réputation des colonisés. Surtout, leur tendance à l'autodérision qui, dans le cas d'espèce, s'avérait mortifère. Il faut cependant se résoudre à l'accepter. Même par autoflagellation. Mais, surtout, il est à craindre qu'il n'en soit pas autrement. Le vécu l'atteste. Seule l'option d'une absolution de la faute, de complicité de crime de la société locale, peut mettre en faillite cette idée. Mais on comprend. On comprenait que par une telle démarche, le risque de déterrer ce passé douloureux était réel.

Revenons un tant soit peu en arrière pour exhumer un point vraisemblablement jugé peu loquace sur l'être autochtone. Cette étape de la vie sociale familiale où la femme est à égalité de liberté pour attribuer un patronyme à une descendance jugée finalement, non de manière verticale exclusivement, mais par un concret mélange de l'horizontal et du vertical. Cette société reconnaissait à la femme une dignité humaine telle que son souvenir aux autres s'imposait avec la même rigueur. Dans cette logique, il y avait de noms spécifiquement de femmes. Une chose était sûre : aucune crainte d'une extinction probable d'une lignée à la suite d'un patronyme qui n'aurait plus de descendants hommes. Pas d'angoisse de ce côté-là. L'environnement juridique était suffisamment bien codifié parvenant à entretenir la flamme de l'égalitarisme. Comment sa suppression par un acte loin de tout positivisme avait-elle pu être acclamée ? La société n'était pas prête pour une telle interrogation. Surtout qu'elle ne concernait pas que la gent féminine, mais également l'homme ; il y avait perdu aussi cette liberté ; mais l'illusion de son renforcement était plus fort dès lors qu'il sortait renforcé dans cette situation. À l'inverse, la perte de ce droit pour la femme semblait avoir été récompensée, avantageusement, par ce bien-être tant convoité.

Cependant, il eut comme une réaction tardive. On aurait pu dire, une rébellion. Une objection à cette nouvelle donne sociétale, contestée dans sa forme. Celle de l'apparition de la famille coloniale monoparentale : la femme avait réinvesti son espace de liberté, en se proclamant apte à s'assumer comme elle l'avait toujours fait. C'est ainsi que s'expliquait, en partie, l'explosion démographique constatée en milieu urbain.

À plusieurs reprises, déambulant dans la ville, en bus ou même à pied, on avait pu noter nombre d'histoires personnelles sur des expériences vécues. Dans cette société, la retenue dans l'expression parlée n'était plus un comportement de bonne conduite, de savoir-vivre : les conversations se tenaient souvent avec une liberté déconcertante.

On avait souvent été interpellé en notre conscience de colonisé par cet aspect singulier de notre être. Il arrivait assez souvent que l'on tire un réel plaisir du fait d'étaler son vécu. Alors, l'oreille qui entend s'affranchissait tout autant de toute règle de civilité. Ainsi, on y apprenait, entre autres, que la femme actuelle s'était réapproprié sa liberté de procréer. L'équilibre social était recherché. Il n'était pas fonction de la notabilité familiale, celle attribuée par le mariage. La nouvelle société faisait connaissance avec une donne sociétale inconnue jusque-là, la solitude. Par solitude, on entendait, pour une femme, ne pas avoir d'enfants.

Oui, la sécurité dans la vie était assurée par la progéniture et non par le conjoint. C'est là une expression philosophique de la vie qui était en réalité la résurgence du passé. En ces temps-là, le mariage avait peu de chance de survivre si le couple n'arrivait pas à avoir de descendance. Ainsi, depuis toujours, la conception de la sécurité sociale avait toujours placé au centre, l'enfant. Voilà comment, revendiquant l'autonomie, l'explosion démographique était devenue la règle. Elle n'était pas près de s'arrêter. Pourtant, des campagnes de sensibilisation à la sexualité étaient entreprises. Mais, tant qu'elles ne prenaient pas en compte cet aspect ci-dessus évoqué, elles restaient des occasions vaines ; les animateurs et les organisateurs n'avaient plus que la satisfaction d'avoir tenté.

– VIII-

C'était pourtant une époque où la tolérance n'était pas vraiment une valeur sociale. À l'occasion d'une maladie, surtout d'un décès, la vindicte sociétale s'abattait. Il est désormais connu que les sociétés africaines étaient des sociétés à la limite puritaines ; en ce sens qu'elles ne concevaient le malheur que comme un montage volontaire et ciblé.

Dans leur croyance, le système biologique humain était une mécanique si bien agencée que la probabilité d'un dysfonctionnement naturel en était - c'est encore d'actualité - exemptée. De ce fait, la maladie ne pouvait être qu'au bout d'une mauvaise intention humaine. Ainsi, devenait important, tout spécialiste capable de débusquer ce malin qui prenait plaisir à distiller le malheur. Voilà comment étaient apparues les pratiques spéciales rattachées aux fétiches, connues sous le vocable du « Tchinkunguna » ou « Munkunguna » :

– C'était un mouvement né en République Démocratique du Congo, qui avait traversé le fleuve. Il consistait à confesser le mal qu'on avait (aurait) infligé à autrui et à renoncer aux pratiques sorcières.

« Kunguna masumu » : il supposait l'honneur de l'engagement comme une valeur essentielle. Mais, ce mouvement semblait montrer des limites. Était-ce du fait de l'incapacité à tenir son engagement ? Ou encore, que cet engagement étant individuel, le mauvais œil n'en pouvait pas être globalement évincé.

Surgissait alors une pratique autrement plus engageante : le « Nkasa » :

— C'est une ordalie à l'épreuve du poison. Le nkasa est la racine d'un végétal toxique dont l'écorce est broyée, macérée et utilisée dans l'ordalie. La violence de la mort qui s'ensuivait et le doute persistant sur son aptitude à la justice, scellait sa disparition.

La société humaine n'en finissait pas de chercher et d'expérimenter de nouvelles formes de rédemption. Elle était peut-être en butte à une soif insatiable de l'extraordinaire. Ainsi prenait place la pratique fétichiste du « Yisa ngombo » qui avait coexisté un temps avec le Nkasa.

Toutes ces pratiques sociétales allaient être par la suite condamnées sur l'autel du rejet du fétichisme. La victoire du christianisme et du catholicisme sonnait le glas de la culture locale.

Sur cette tombe émergeait le « Croix koma ». Comme le mot le suggère, il s'agissait d'une pratique liée au catholicisme, avec la croix comme support et le « *je jure que…* », comme mode de sceller sa propre condamnation.

On redécouvrait l'importance de la parole, celle qui scelle un engagement verbal comme valeur sociale essentielle. Et, à contrario des pratiques précédentes, le mouvement de

« croix koma » affichait tout simplement la prétention d'éradiquer de la société, la sorcellerie. Pour ce faire, il s'employait à détruire tout objet physique censé être un support de celle-ci.

Vaste programme ! Cette prétention affichée lui attirait la sympathie des peuples hors des frontières nationales ; son rayonnement touchait les pays voisins. Ce qui montrait le degré de désarticulation de la culture locale par la culture chrétienne. L'absence de notion réelle et consciente de *culture* dans la société, favorisait la destruction des objets d'art, les statues surtout et autres, stigmatisés comme les supports de la sorcellerie.

Sur le coup, la prégnance de cette idée de la sorcellerie paralysait la conscience de la bêtise de ce mouvement. Plusieurs années après, son bâtonnier ayant disparu, cette conscience était libérée et rendait compte de l'inconscience condamnable dont il s'était rendu coupable. Des protestations sur la disparition du patrimoine local s'élevaient avec retard. De même de l'accusation de trafic d'objets d'art qui pesait sur lui, le bâtonnier, malheureusement outre-tombe.

L'un des sages du village s'appelait Mouanga Toumou. Cet ancien cheminot portait aussi un surnom, par lequel il était plus connu. On disait, parlant de lui, Mouanga wa Mpamba Mpamba. Un surnom qu'il mérita par ce semblant d'esprit désinvolte qui le caractérisait. Pour lui, rien n'était grave. Tout était si relatif, qu'il n'y avait pas à s'alarmer. Cet optimisme béat déconcertait ceux qui l'approchaient.

Voilà comment il devint le monsieur pour qui tout était anodin, « wa mpamba mpamba ». Le plus vieux, donc chef de sa famille. Une fonction qui n'était pas de tout repos.

Un jour, il voyait arriver chez lui un petit groupe de personnes dans lequel il reconnaissait une petite nièce, dans la quarantaine cependant. Celle-ci était avec une plus jeune femme portant un enfant de plus de deux ans. À ce qui paraissait, en sage expérimenté des choses de la vie familiale, il soupçonnait une traque sorcière. Ce qui était bien soupçonné. La petite nièce sans sourciller l'accusait d'ensorceler son petit-fils à elle, qui était au dos de sa mère.

Fort de son expérience de telles situations sociales, la maïeutique à fleur de peau, il optait pour l'apaisement en choisissant de courir un risque calculé et maitrisé : ne pas nier d'emblée sa responsabilité supposée pour casser la ferveur du chef de cette expédition, somme toute punitive. Le vieux chef de famille s'empressait de s'enquérir de la situation. L'environnement était à sa faveur. Au lieu de rejeter les accusations, il demandait au petit groupe de le suivre. Il se dirigeait droit vers une secte locale réputée dans la lutte contre la sorcellerie. Sur le chemin, se trouvait le dispensaire du village. Il y faisait une halte pour faire ausculter le malade. L'infirmier, lui aussi très expérimenté dans son métier, diagnostiquait un cas de variole très avancé. Il recommandait un traitement immédiat, au risque d'une mort imminente. Il faisait donc une première injection pour couper le feu de la maladie.

Le vieux chef de famille ne voulut pas en rester là, bien que sa confiance en l'expertise de l'infirmier fût sans l'ombre d'un doute. Toutefois, cette halte à la science n'était nullement suffisante pour apaiser les cœurs bien meurtris. Ainsi, après les soins infirmiers, il continuait son chemin, obligeant le groupe à le suivre, jusqu'à la secte.

Elle jouissait d'une réputation qui débordait le cadre de la région. Le chef de la secte était l'un des trois fondateurs de celle-ci. Un grand responsable, vénéré et craint, son nom Mbemba Constant.

La secte qui avait pignon sur rue, est connue sous la dénomination de *Bulamananga*. Elle était à la lisière d'un petit bois dans le village Mabaya.

Dans l'enclos de la secte, tout malade se sentait rassuré ; il était presque sauvé, si c'était un cas de sorcellerie, ou guéri dans le cas d'une maladie naturelle. Le vieux Mouanga ordonnait à son arrière-petite-nièce de présenter l'enfant au prieur Mbemba. En moins de temps qu'il n'avait fallu pour le descendre du dos de la maman, il livrait son diagnostic : l'enfant n'était pas sous l'emprise de la sorcellerie. Il conseillait à son copain du village, d'aller chez l'infirmier. Il ignorait que cela avait été la première étape.

Bien que voyant l'amélioration de la situation de l'enfant, la petite nièce ne voulut pas en rester là. Elle s'employait à faire la démonstration de la culpabilité sorcière de son grand-oncle. Elle portait donc l'affaire auprès d'un autre spécialiste de la lutte contre le sorcier.

C'était un féticheur, en ville. L'une de ses spécialités était de démasquer le sorcier ; car celui-ci avait l'art de se camoufler derrière de multiples apparences. Ce féticheur détenait donc le secret d'une potion qui arrivait à bout de n'importe quel masque, n'importe quel subterfuge. Selon la puissance du sorcier, l'action de la potion s'arrêtait à cela ; dans de nombreux cas cependant, la potion avait montré sa supériorité en emportant, quelques instants après qu'on l'eut administrée, le pauvre accusé. C'était le Nkasa ci-dessus évoqué.

Les incrédules soupçonnaient le féticheur d'une certaine connivence avec une partie de la famille en litige. On accusait alors le féticheur d'un surdosage qui emportait la victime.

Les convaincus de l'action réelle de la potion, se laissaient aller à la suite des évènements. Parce qu'il se trouvait que les suppliciés à la potion ne soient pas tous emportés. Cela donnait la preuve de l'efficacité de l'ordalie.

Des doutes subsistaient cependant. L'innocence des uns était déshonorée par la malice des autres. Le vieux Mouanga Toumou le savait. Il ne refusait pas de s'y plier. Cependant, au lieu de gouter seul et en premier la fameuse ciguë, il exigeait que la petite nièce y fût aussi astreinte. Après tout, le fait qu'elle prenne la tête de cette expédition punitive, avec des apparences de sauver les intérêts de sa fille, n'excluait pas qu'elle fasse là un jeu double. Oui, en d'autres situations, on assista à des révélations catastrophiques. D'où le vieux chef tint à son exigence. Il ajoutait par ailleurs que le féticheur lui-même testât sa potion, là, séance tenante. La petite-nièce hésitait et, sur les commentaires du féticheur, refusait. Ainsi que le féticheur. Cela permettait au vieux chef de refuser à son tour.

Il s'attaquait au féticheur, l'accusant de n'avoir pas été capable d'assumer l'impartialité qu'exigeait cette pratique. Ce féticheur, un personnage corruptible, sur l'insistance de ladite petite-nièce, avait concocté une préparation qui scellait la vie du vieux chef de famille. Cependant, sage, il ne tombait pas dans le piège. Cela étant, la poursuite du traitement de l'infirmier remettait l'enfant sur les rails de la santé. Très vite, à l'instar de son âge, il recouvrait tout son potentiel d'énergie ; il était redevenu l'enfant en pleine croissance.

Si cette potion pouvait avoir une certaine résonance sur la sorcellerie, l'incapacité des féticheurs dans cette spécialité à exercer dans l'impartialité totale, condamnait cette pratique. La lutte contre la sorcellerie n'était pas pour autant abandonnée. Bien au contraire.

//*

Et, si l'on considérait la sorcellerie comme le plus grand danger de la société locale ? Non pas en ces capacités toujours supposées, jamais vérifiées, mais en s'appuyant sur ces suppositions, en ses aptitudes à désintégrer la cohésion sociale ! Quelque chose — un truc – agissant exactement comme un virus dans le corps social. Féroce et capable d'énormes effets négatifs que la somnolence nous empêche de voir.

Sous-estimée et ridiculisée, elle avait vite fait de se ranger consciemment dans le compartiment des faits divers ; ceux qui étaient appelés à meubler les conversations, à se retrouver en spectateur d'une scène, ailleurs, jouée à cette fin. Les faits de sorcellerie faisaient partie de l'arsenal éducatif. Enfants, on les vivait par les menaces qui sortaient de la bouche des plus âgés. Ils racontaient, par exemple, que la curiosité n'était pas une qualité. Loin de là ! Des personnes avaient perdu la vie à cause de cette mauvaise habitude. Un comportement répréhensible. Trop curieux, tu croisais la sorcellerie sur ton chemin. Et, qui la croisait, y laissait de son être. Les restrictions auxquelles elle soumettait les individus étaient telles, qu'il était impossible à la limite de vivre en société. Mais, là encore, la recherche de la quiétude dans la solitude ne pouvait laisser l'individu tranquille : pas de vie paisible pour un homme isolé.

L'isolement était loin d'être anodin ; il ne pouvait être recherché ; il fallait être sorcier pour fuir la compagnie des autres, pour vivre isoler.

Une société terrible ! Des pièges partout ! Dans un tel environnement humain, la méfiance régnait, avec elle la perfidie et le complot. Là encore, on était arrivé à la lisière du dangereux, du très risqué.

Mais, comment la curiosité avait-elle pu être déclarée inapte au savoir-vivre dans la société ? Sans elle comme qualité, c'est la disparition assurée de bien des choses et des pratiques dont l'utilité pour la communauté est avérée.

Parcourant les savanes ponctuées par quelques forêts galeries, nous arrivions dans un village de plusieurs âmes. Séparé de celui-ci de quelques centaines de mètres de savane, un village plus modeste. Les pygmées n'aimaient pas se mélanger aux autres ethnies, me dit un notable du grand village. Celui-ci était donc un village pygmée, d'ailleurs d'une seule famille étendue.

Nous choisissions de poser notre petit baluchon ici. Nous étions accompagnés par une personne : Loukalou M. A. était un mécanicien automobile.

Plusieurs années après les indépendances et beaucoup de temps consacrés au matraquage de l'idéologie politique prétendument de libération contre l'étreinte d'un prétendu impérialisme sur ces sociétés humaines, n'avaient pas pu avoir raison de l'impraticabilité des pistes de communication. C'était en prévision de quelques surprises, mais aussi par sa connaissance de cette partie du pays, avec une piste redoutable pour le matériel roulant et le chauffeur, que nous nous étions adjoint ses services.

Il en était originaire. Il faisait partie de cette jeunesse sur laquelle le mirage de la ville avait eu raison de sa naïveté.

Bref ! Auprès des enfants du vieux chef, nous demandions l'autorisation de nous arrêter là.

Avec cependant quelques moments d'hésitation, nous acceptions leur accord, non sans nous avoir rassurés sur l'acquiescement sans problème de cette autorisation par le vieux chef de village pygmée en personne en rentrant de la forêt.

Dans ce coin du pays, où la forêt était plus présente que la savane, le village se situait sur un plateau surélevé, aux abords duquel, bien en contrebas, coulaient deux rivières d'un courant assez important. Cette situation géographique était favorable à des chutes de température la nuit tombée. Il y faisait frais.

En zone tropicale, il fait frais en dessous d'une température de vingt-quatre degrés, le taux d'humidité y apportant sa contribution ainsi que le vent aussi. Tout ceci réuni, nous valut l'amabilité de cette famille. Dans leur Mbongui (lieu de vie collectif), nous étions invités à prendre place. Pour ne pas souffrir du froid, nous disait-il. – Soit dit en passant, ici, le mot frais n'est pas vraiment d'usage ; dans leur vécu, les températures sont soit chaudes, soit froides. Cependant, on sait apprécier l'intensité du chaud ou du froid.

Nous en profitions pour formuler une demande sur le prêt d'une casserole pour réchauffer ce que nous avions à manger. Quelques secondes d'hésitation, comme si nous ne nous étions pas bien fait comprendre, le chef de clan, monsieur Mapata, ordonnait qu'on aille nous chercher une casserole avec de l'eau. La casserole apportée, on y mettait l'aliment à cuire ; puis l'un des jeunes s'en chargeait pour la poser sur le feu.

L'atmosphère se crispait sans savoir vraiment pourquoi. On les épiait autant qu'ils le faisaient sur nous. Puis, on entreprenait de détendre l'ambiance en pensant faire rigoler de temps en temps les jeunes, par des histoires d'écoliers, qui malgré tout ne les amusaient pas. Un rire contenu.

On remarquait leur silence au bout de nos histoires. Un seul manifestait quelque intérêt, nous répondant par une autre histoire qu'on ne connaissait pas. On en profitait pour savoir s'ils étaient scolarisés. Les deux plus jeunes seuls l'étaient, dont l'un dans un autre village à une bonne soixantaine de kilomètres de là. Nous nous intéressions à son cas pour savoir comment il faisait pour vivre si loin de chez lui. Il nous apprenait qu'une tante était mariée dans ce village chez qui il vivait. Il n'était revenu là qu'à la faveur des vacances scolaires.

Les autres n'avaient pas pu ou voulu se scolariser, redoutant l'attitude d'autres enfants d'autres groupes ethniques à leur égard. Par ailleurs, il aurait fallu qu'ils parcourussent la dizaine de kilomètres qui les séparaient du village-centre (terme de l'administration congolaise) où on trouvait l'école primaire, le collège, le dispensaire et la gendarmerie. Ils (s') étaient marginalisés, parce que, appartenant à une ethnie de moins que rien, l'ethnie Pygmée.

On n'insistait pas. Cela étant, ils nous trouvaient d'une sympathie étonnante. Le fait que l'on se soit servi de leur casserole les avait honorés. Ils s'étaient enfin sentis considérés comme des humains. Alors, la conversation autour du feu alla dans tous les sens.

Le chef Mapata s'impatientait. Le sujet de la conversation ne paraissait pas l'intéresser. Il prenait la parole pour nous interroger sur le motif de notre voyage si loin de chez nous.

On rebondissait sur son propos pour jouer au cache-cache avec ses talents de voyance. Il nous disait qu'il nous avait vus depuis la forêt. Il avait perçu par son sens extrasensoriel notre présence dans sa cour.
- « Alors quel est votre problème ? »

Ici, l'échange dans ce sens était plus délicat. Non pas du fait de la langue, point sur lequel il nous rassurait que l'on pouvait s'exprimer dans notre langue, mais du fait des coutumes. On redoutait qu'au-delà de la barrière linguistique levée, il restait que notre motivation ne le motivât pas.

Le pygmée était prompt à apporter le soulagement. Il n'était cependant pas ouvert à étaler son savoir à un étranger. La question sur le motif de notre voyage ne devait pas prêter à confusion. Il n'y avait qu'un seul sens, celui de la maladie, qui était censé nous conduire jusqu'ici, pour laquelle on était venu chercher la solution, la guérison.

Il en avait l'habitude. À Brazzaville, la capitale, des histoires vantant les performances prophylactiques et apotropaïques du Pygmée, alimentaient une certaine forme de tourisme. Mapata se taisait, l'oreille attentive. Nous lui livrions notre préoccupation.

Il demandait à son petit-fils de lui apporter le cor qui était dans sa maison. Il nous le donnait en nous invitant à parler dedans même à voix basse.

C'était comme son récepteur des plaintes. En moins d'une dizaine de minutes d'exposé de notre motif, on le lui remettait.

Il était tard, selon lui, pensant au long trajet qu'on avait fait. La fatigue devait être assez intense. Alors à ce moment-là, il nous montrait la maison de passage pour ceux qui, venus de loin pour une consultation, ne pouvaient pas repartir.

Le lendemain, sous le coup de sept heures, il nous invitait dans la case réservée au travail druidique. On s'installait en compagnie d'une autre personne qui n'était pas de sa famille, plutôt un voisin qu'il semblait initier.

C'était le moment de vérité. Cette séance commençait par le retentissement du sifflet. Puis, il parlait. Ensuite venait un chant. On suivait sans rien comprendre du tout. Tout ceci se déroulait dans la langue pygmée. Il s'arrêtait enfin pour nous fixer. Puis, il reprenait son chant accompagné de maigres, mais subtils instruments.

C'était donc le moment du déroulé de nos plaintes dans le cor. Il nous apprenait ce que la nuit lui avait révélé sur nous.

Parmi ces révélations, une demande de boisson, deux litres en carton de vin rouge d'importation, était formulée. Après qu'il eut ouvert les deux cartons de vin et transvasé leur contenu dans deux bouteilles en verre, il nous demandait d'intégrer seul ce qu'il appelait sa maison des esprits.

On s'y rendait, les deux bouteilles de vin à la main.

Cette maison des esprits était à peine d'un mètre sur un mètre trente centimètres, sans plus, tout de chaume, faite. Il y avait un petit banc et au sol un petit trou, comme le terrier d'un grillon, avec l'impression qu'il s'agissait d'une bouteille enterrée. La décoration intérieure était de type fétichiste, faite de plumes d'oiseau suspendues, des morceaux de bois et des écorces secs accrochés, de feuilles séchées suspendues. Puis, comme il nous l'avait dit, on prenait place, assis sur un banc de fortune fait d'un tronc de bois brut d'à peine dix centimètres de diamètre, et on exécutait ses directives : exposer toute notre plainte et nos vœux tout en versant le vin dans le trou.

La synchronisation devait être assez réaliste ; notre dernier mot devant correspondre au moment où la dernière bouteille se vidait entièrement.

On s'y attelait. Un peu essoufflé du reste, jusqu'à ne plus savoir quoi dire. On répétait pour marquer l'insistance sur nos vœux, bien plus pour réaliser la synchronisation.

La grande surprise vint du fait que ce petit trou ne se remplissait pas. Il avait englouti les deux litres de vin sans la moindre impression de débordement.

On sortait de cette case des esprits pour le rejoindre dans la maison du travail de voyance. Il nous rassurait sur la suite de notre vie. Cette assurance était scellée par la remise d'une bouteille d'un liquide à la couleur très sombre avec le mode d'emploi. Puis, il nous libérait.

À l'extérieur, l'acolyte vint nous expliquer que tout se passait dans cette case aux esprits, dont le moment le plus magique était celui où l'on versait le vin dans ce trou que même mille litres ne pouvaient pas remplir ; c'est un petit trou sans fond.

On en profitait pour aborder la problématique des soins de santé dans leur groupe ethnique. Les jeunes se taisaient. Comme s'ils craignaient les foudres du chef de clan. Lui seul se mit à avouer sa peur de la disparition inéluctable des connaissances de l'herboristerie et la phytothérapie. La jeunesse, pourtant peu scolarisée, était de plus en plus sous influence du mode de vie en cours dans le village-centre où ils se rendaient souvent pour vendre quelques produits alimentaires de la cueillette.

Un mode de vie au détriment du leur... Le peuple pygmée avait choisi de se sédentariser. De ce fait, par sa jeunesse au moins, qui passait le clair de son temps au contact avec les autres ethnies colonisées, jouait ainsi, presque de force argument, son intégration pour sa survie. D'où, cette jeunesse crut bon de se défaire de ce qui les faisait passer pour des primitifs, des gens attardés qui se marginalisaient eux-mêmes du mouvement général de la civilisation.

-Ce sont les bizarreries de la nature : quand le colonisé, se plaignant des affres de la colonisation (sic Matsoua), adopte

la même posture de déshumanisation de l'autre, comme
par vengeance ? - L'herboristerie et tout ce qui va avec,
étaient jugés comme ces pratiques qui les rendaient peu
fréquentables aux yeux des autres ethnies ; des yeux très
christianisés par un catholicisme conquérant et affable
envers les coutumes des peuples conquis. Si l'on ajoutait à
cela le fait de leur vie en forêt d'où ils tiraient l'essentiel de
la survie, ils se condamnaient à la réclusion. Le Téké, le
voisin immédiat dans cette zone, auprès de qui ces
pygmées ont emprunté leur langue pour mieux s'intégrer
dans le modernisme colonial, les rejetaient sans
complaisance.

Pour le Téké, le Pygmée était sale. Encore un jugement de
valeur établi sur un apriori. Et, quand on racontait à un
Téké du village voisin, notre périple chez cette famille
pygmée avec la séquence de la casserole, celui-ci restait
sans voix.

— Comment, rétorquait-il, vous avez pu vous servir de
leur ustensile de cuisine, ces gens qui sont si sales ?

Un peu surpris par une telle considération, notre réponse
aussitôt plaidait la modération :

— Mais leur casserole n'était pas sale ; de plus, on l'avait
posée à bouillir sur le feu, ce qui avait pour effet d'éliminer
le maximum de microbes.

Et, lui, de nous reprendre, convaincu de son devoir de
nous sensibiliser sur les bonnes manières de vivre avec
cette race :

- Oui, mais, vous qui venez de la ville, vous ne devriez pas faire ça ; même nous, leurs voisins, on ne le fait pas ; on ne peut pas se servir d'un objet qu'ils utilisent.

Ce Téké était venu dans ce village pygmée. Il semblait entretenir quelques bonnes relations avec le chef de clan Mapata. On avait compris, après, qu'il s'intéressait aux connaissances en herboristerie de ce chef de clan. C'est cela qui le rendait fréquent dans ce village où son amitié avec ce chef pygmée semblait véridique pourtant. Honnête, nous ne pourrions pas l'affirmer.

Le jeune pygmée scolarisé avait suivi, bien qu'étant à une bonne dizaine de mètres, l'échange verbal entre nous et ce Téké. Il avait même bien compris ce qui s'était dit. Nous éloignant d'eux, on l'entendit prendre à partie le Téké.

Il le qualifiait de malhonnête. Il lui reprochait son semblant de gentillesse et d'ouverture envers les pygmées, pendant qu'il les prenait pour une ethnie de sauvages. Courroucé à vouloir en découdre une fois pour toutes, il le sommait de quitter le village et de ne plus y revenir. Il lui lançait :

– Tu te prends pour qui ? Lui, un grand monsieur ! Tu as vu sa voiture ? Il vient de la ville. De Brazzaville. S'il se permet de nous demander des choses, d'utiliser notre casserole, toi, tu es qui pour lui prodiguer des conseils sur ce qu'il doit faire où ce qu'il ne doit pas faire ? C'est un chef. Il est important. Tu as vu son 4*4 !

Il marquait une pause, pour repartir de plus belle. Manifestement, c'en était trop. Le Téké en faisait et en disait trop contre ce peuple pygmée. Et, le voilà repartant dans cette mise au point :

– Vous avez toujours prétendu que ce pays vous appartenait. Que les kongo vous ont pris vos terres.
Mais, c'est faux !
Ce pays ne vous appartient pas. Ces terres, que vous revendiquez, sont les nôtres. Ce sont nos terres. Vous, vous n'êtes que des usurpateurs. Vous voulez nous déposséder. Vous n'avez qu'à partir ailleurs. Ce sont nos terres. Vous n'êtes pas plus congolais que les autres. Les kongos et vous les Tékés, vous tous des usurpateurs. Ces terres appartiennent à la race pygmée !

Un moment d'une intensité toute particulière pour nous. Voilà, en effet, qu'on devenait, malgré nous, comme ce produit utilisé dans le développement de la photographie, le révélateur. Ces révélations qui nous tombaient dessus, nous laissaient un peu perplexes. Tout au moins, elles nous transportaient sur des territoires qui ne nous étaient pas inconnus, mais dont les subtilités nous dépassaient.

Voilà deux ethnies qui vivaient en bon voisinage en apparence, depuis plus d'un siècle, sans qu'aucun soupçon de traitrise n'eût l'occasion d'y échapper. Aucun. Tout au moins pour les ethnies éloignées. Le Téké, si bien représenté sur l'étendue du territoire, a nourri la conviction qu'il est le premier occupant. Il ne viendrait à l'esprit de personne d'une autre ethnie, y compris au sein de l'ethnie téké, de contester cette version des faits.

Pourtant, il y a le Pygmée. Sur les mêmes terres que le Téké, il évolue. Mais, son importance démographique et son habitat l'ont réduit dans l'imaginaire commun au statut d'ayant droit, vivant de la sollicitude de l'occupant.

Une histoire sordide ! Comme l'Européen, immigré sur le continent amérindien logiquement, impose un changement de nom, ce qui efface le souvenir du premier occupant, rebaptisait en exhibant l' « américanité » de ce continent. La conscience tranquille, l'expropriation de l'Indien, venait d'être scellée.

Dans un pays où l'élite politique passait le clair de son temps à attiser l'« ethnicisme » comme le moyen de parvenir paradoxalement à l'unité nationale, cette révélation ne pouvait être anodine.

La curiosité avait toujours été, dans ces sociétés humaines, le point de départ de la transmission. On ne pouvait transmettre le savoir qu'à celui, pourtant encore enfant, qui manifestait un certain degré d'intérêt à l'égard des pratiques sociales. Le chef pygmée de notre aventure, était en train d'initier un étranger, un non-pygmée, qui montrait un intérêt certain à l'herboristerie. Sa propre descendance, ayant choisi l'intégration sociale, sacrifiait ce qui avait été l'un des socles de l'existence de l'ethnie pygmée. Il le regrettait, impuissant. Sans plus.

La sorcellerie est un exutoire. Des frustrations contenues, des moments de jalousie dans son être, peuvent entrainer dans une dérive sociale. Des sociétés humaines dans lesquelles aucune place n'est faite au réalisme. L'éducation des enfants a un côté ludique et un côté violent. Envers l'enfant, les exigences se font très pressantes à partir de quatre ans passés. Sur un enfant de plus de cinq ans, on ne tolère plus les inconduites, les incompréhensions, les inadaptations. Dans ses actes, l'enfant à partir de cet âge est considéré comme suffisamment mûr pour assumer son rôle dans la société. Et, endurer les sanctions qui vont avec, en cas de méconduite. – En fait, il ne s'agit peut-être pas d'un trait spécifique à ces sociétés humaines -. La rigidité de l'éducation est le fait des sociétés humaines rurales. C'est une contrainte due à la survie sociale. C'est aussi le constat chez la plupart des populations sur tous les continents. C'est la ruralité, bien plus que le ruralisme, qui l'impose. Ici, cependant, la société n'a pas semblé bien prendre la mesure de l'importance démographique dans la survie. Et, à partir de là, de l'importance de l'innovation au détriment de la reproduction simple, à l'identique. Certes, la répétition des formes, par exemple, est un atout dans la survie, surtout lorsque la société est astreinte à des migrations soutenues. Mais, aussi, dans ce cas plus précisément, un cas qui n'était pas une exception dans ces sociétés humaines, l'innovation pouvait être plus convenable que son contraire. Et, pourtant !

Voici une histoire dont un autre vieux du village Mabaya nous fit part. Elle porte sur l'innovation technique :

À la suite d'un décès, le lieu de résidence était abandonné ; pratique courante chez les Kongo, qu'on pouvait considérer comme une technique de gestion du risque de sorcellerie. Pour des raisons de croyance quasi-religieuse, la famille se déplaçait. Par un simple coup de poker, cela pouvait être aussi fréquent que son contraire. On aurait pu dire que cela dépendait du degré de voracité de la sorcellerie dans la famille.

Ces migrations incessantes avaient commencé à peser sur autant la volonté que la force de l'éternel recommencement. Il fallait tout le temps reconstruire l'objet support du sommeil. Tout le temps. Mais, même quand les matériaux ne posaient aucun problème particulier quant à leur disponibilité, cela parut peser sur la fréquence des migrations.

Un homme avait pensé doter la société d'un objet plus conforme au mode de vie. À l'écart de tout regard, il créait un lit.

Ayant tenu compte des contraintes du transport, il avait repéré un bois qui, séché, devenait léger tout en conservant ses propriétés de résistance. Ce bois pouvait servir de cadre sur lequel on posait une sorte de natte faite de lattes de palmier. Par la technique du cannage, on fixait le tout ensemble. Le lit venait de sortir de l'imagination humaine. À l'inverse du couchage, un simple étalage planté dans le sol, celui-ci avait la faculté d'accompagner la société dans tous ses déplacements.

Une véritable innovation. Tellement innovante qu'elle suscitait une première réaction négative. L'homme qui voulait sauver le mode de vie, devenait vite un danger public. C'est que son innovation choquait tellement les esprits qu'on la considérait comme n'ayant pu être possible que grâce à la sorcellerie.

On craignait, du reste, que ce lit de l'innovation ne soit une astuce de plus pour ensorceler ; pour tuer. L'inventeur innovateur comprit que sa vie était en danger. Il s'exilait. C'est, plusieurs années après, que l'innovation trouvait un accueil favorable et devenait même un objet de prestige social.

Ce récit est de monsieur Massamba ma Lubanda. Il nous en fit part, parce que nous lui avions apporté la preuve de notre intérêt pour l'histoire de notre société. Il était fort heureux de nous la confier. Parce qu'il semblait porter un secret social qui lui pesait sur la conscience. Mais, nous sentions qu'il y avait une vraie raison à ce récit.

Et, il y en avait bien une, plus catastrophique et très risquée. D'un degré de risque qui le contraignait au silence presque, à la prudence, au secret. Notre qualité, un intellectuel, lui paraissait cependant fort suffisante pour saisir l'occasion. Alors, comme une confession, il nous faisait part des méfaits de la sorcellerie dans nos sociétés.

Pour lui, le mysticisme supposé de la sorcellerie n'était rien, en connaissance de ce que cette croyance avait de plus négationniste : un système qui permettait de broyer l'autre, celui qu'on ne désirait plus voir.

Une vraie malfaisance. Un système carnassier qui, pour le malheur de la société, dévorait les atouts humains sans pitié, mais plutôt avec un acharnement insoupçonné. Pour étayer son propos, il nous embarquait sur un sujet de très haute délicatesse, celui de l'esclavagisme.

Nous étions tout ouïe. Avec autant de vigilance que le seul mot esclavagisme l'exigeait. Alors quasi religieusement, nous nous accrochions à ses lèvres qui commençaient par un balbutiement.

Il nous confiait que ce qu'on entendait dire de cette période, n'était pas conforme à la réalité des faits. Ses grands-parents, à ce propos, lui avaient dit que c'était sur le même schéma de la sorcellerie que s'était déroulé l'esclavagisme. C'est cette intolérance nourrie de la jalousie qui était à l'origine de l'esclavagisme. Pourquoi la sorcellerie, si elle était si puissante comme on le prétend, n'avait-elle pas constitué le rempart contre l'invasion du territoire par les étrangers ? Pourquoi n'avait-elle pas empêché la victoire de l'étranger sur l'autochtone ? C'est qu'elle n'est en réalité qu'un fauteur de trouble qui était responsable en partie de l'instauration de la traite humaine. Voilà comment les Noirs s'étaient laissé prendre au jeu de l'étranger, avec ses besoins immodérés en main d'œuvre. Inconsciemment, ils favorisaient la mise en place de ce système au profit du Blanc. L'incapacité de la sorcellerie avait créé cette atmosphère de résignation ; ce que ce dernier, ayant vu l'intérêt de la chose, se mettait à exploiter en instillant des sentiments d'opposition des Noirs entre eux ; des sentiments dont l'animosité transparût presque à l'œil nu. Puis, Il exploitait opportunément cette animosité que venait à véhiculer ces histoires de sorcellerie, provoquant la confusion jusqu'à créer l'impression que les Noirs participaient à achalander cette traite humaine.

Cette accusation nous choquait d'autant plus qu'elle était formulée sous forme de révélation. Elle était d'une cruauté castratrice. Comment cette personne, avec tout le respect qu'on lui devait, pouvait-elle soutenir une telle idée ?

Comment !?

Ces grands-parents qu'il prétendait lui avoir confié cette vérité, ne pouvaient-ils pas se tromper ? Se tromper d'époque et de forme, d'autant plus qu'il y avait au sein de ces sociétés locales une forme d'esclavage, moins cannibale, et plus douce, parce que liée à la survie du groupe familial, du clan : on achetait une femme, pour pallier le déficit constaté de femmes de la lignée ; on achetait un homme pour grossir les rangs.

C'était donc un esclavagisme doux, qui n'était d'aucune commune mesure avec celui qualifié de traite négrière. Un saignement démographique que ce sage attribuait la responsabilité à l'intolérance et la jalousie au sein des familles. Autant de questions qui nous traversaient l'esprit sur-le-champ, mais dont nous mesurions bien la teneur émotionnelle, confrontés que nous étions avec les thèses des livres.

Il était exceptionnel qu'un homme du village abordât ce sujet qui semblait échapper à leur lexique usuel. Son assurance et l'insistance sur cet aspect des rapports intrafamiliaux pouvaient trouver bon écho. Comme cela apparaissait au bout de l'histoire vécue par monsieur Mouanga Toumou. Bien que plus récente, il y avait tout de même cet aspect permanent de l'intolérance souvent injustifiée et la conscience de la volonté de nuire à autrui ; gratuitement et sans aucun remords, plutôt avec une joie d'un sadisme sans pareil, autant de signes qui remontaient à très loin dans l'histoire.

Plusieurs histoires sur la sorcellerie entendues, le récit de monsieur Massamba ma Lubanda avait quelques points de résonance consistants. Sans vouloir céder à la tentation d'y adhérer, opportunément l'on était en droit de se poser la question sur cette razzia humaine entreprise par des gens venus de loin, ne connaissant pas le milieu, et qui avaient pu s'activer avec autant de réussite dans cet exercice autrement très surprenant.

Il fallait cependant se garder d'apporter un réconfort à cette surprenante leçon des choses. Rien n'indiquait que ce n'était pas là le résultat d'un matraquage idéologique visant à renforcer le combat culturel contre la structuration familiale. Sous prétexte de la nuisance de la sorcellerie, on pouvait préparer à ce que la religion de colonisation s'était assignée comme objectif : entraîner la société dans la représentation sociale européenne. Cela restait à voir.

Elle a la cuirasse dure. Plusieurs tentatives de son éradication n'ont connu que des échecs. Renforcées par la vindicte chrétienne à son encontre, les nouvelles pratiques de lutte allaient sortir de cette nouvelle religion. Cependant, à quoi pouvait servir cet acharnement sans succès contre cette pratique, ce fait de société, qu'est la sorcellerie ? Acharnement à mettre au crédit du complexe du colonisé, que du reste ; celui qui voulait que l'adhésion à la culture coloniale soit totale.

Des prédictions de toutes sortes avaient appuyé la théorie de sa dissolution par la grâce de l'action de la modernité. Ces prétentions croyaient que la société s'agitait encore dans cette mare, par le jeu de rapports sans cesse se modifiant, entre elle et les avancées économiques. Le bien-être introduit par la modernité coloniale allait clouer la sorcellerie. Ce n'était qu'une question de temps.

Le temps passait sans que soit constaté le moindre frémissement en la matière. Au regret de le souligner ! Il faut bien reconnaitre que ces prétentions ignoraient tout de la prégnance réelle de ce phénomène dans la société ainsi que de ses facultés d'adaptation. C'est la seule à expliquer pourquoi elle continue d'animer la vie quotidienne des populations en milieu urbain comme en milieu rural.

La sorcellerie est une puissance. C'est en s'étant laissé abuser par les histoires de gamins européens que les intelligences locales avaient hasardeusement émis ces prédictions. Par le fait que la sorcellerie en Afrique centrale n'est pas de forme identique à celle des histoires de berceuses d'enfants.

La sorcellerie en soi n'a nul besoin de support. Elle peut se servir de choses parfois de la vie courante. C'est une seconde nature qui sait s'évanouir dans le temps, et se réveiller au gré des circonstances. C'est une puissance qui a pouvoir sur les choses y compris les humains. Elle n'a rien à voir avec les pratiques des fétiches. Les fétiches sont autres, la sorcellerie est autre. Il s'agit bien de deux choses différentes. Les fétiches sont des choses. Par l'initiation, on acquiert leur connaissance. Ces choses ou ces éléments sont presque toujours présents dans la nature. Ils sont dotés d'un certain pouvoir : un pouvoir physique et biologique. Le pouvoir physique révèle une relation. Comme de tout temps, les hommes en ont ressenti la présence. Des sensations ont induit des croyances. Partout sur la planète Terre, on a vu émerger des croyances sur des pouvoirs intrinsèques aux arbres par exemple. Jusqu'à nos jours, dans les parties du monde qui se proclament avoir vaincu l'obscurantisme, il n'est pas rare de trouver quelques ilots de survie, de ce mode d'être, de ces croyances.

Nous rendions visite à une famille amie : la famille Lacroix, au bourg du Grand-Lemps, dans la région iséroise, en France. Au vu du beau temps ensoleillé, elle nous proposa d'en profiter. – Des expressions au sens alambiqué pour un africain de l'Afrique centrale. Profiter de quoi, pouvait-on se demander ? -. Le temps, le climat et l'habitat ont façonné l'individu au point où celui-ci se sent opprimé et apparaît une demande particulière, celle portant sur le besoin de se libérer, de s'aérer : « On va prendre l'air » est la forme expressive courante de ce besoin. Se libérer un instant de cette oppression exercée par le « quatre murs et un toit ».

On allait vers un endroit qu'elle nous décrivait comme magnifique, paisible et surtout qu'on apprécierait nécessairement. La balade nous conduisit droit vers une forêt. Peut-être un bois. – Les subtilités de la pensée française sont insondables pour nous, Africains. Même si, quelques colonisés en ont fait un point d'honneur à en maîtriser les astuces -. Cette forêt est traversée par des sentiers dont certains ont des ramifications débouchant sur un arbre. Celui-ci est marqué par tant de mains qui se sont posées sur lui. Une séance de communication physique et métaphysique avec l'arbre à qui on confie ses problèmes et ses doléances.

Ah ! s'écriait-on ; cela existe chez vous aussi ?! Eh bien !

Chemin faisant, on pouvait voir ici, une femme, les mains posées sur l'arbre, psalmodiant quelques paroles ; plus loin, un homme qui venait d'en faire autant, son visage en paraissant illuminé. La forêt était bien fréquentée pour cela : une forêt-église où les gens étaient silencieux, un air de méditation, un moment de religiosité, une occasion de rencontre avec soi-même. C'est la forêt de Vallin.

On s'y laissait bercer. Nos amis, s'en rendant compte, étaient ravis de nous y avoir amenés. Voilà pourquoi ils avaient pensé qu'on s'y plairait nécessairement, misant sur la sensibilité de l'Africain à ce type d'environnement.

On leur racontait à notre tour la même scène dans notre pays. Dans notre terroir, quand on se trouvait en forêt, qu'on avait malencontreusement été en contact avec une épine d'un arbre, on cherchait l'arbre aux épines appelé « Musasa » — selon la phonétique, sans s'encombrer toutefois de la prétendue scientificité attribuée par la classification en langue latine disparue -. Ses épines sont assez longues et très nombreuses. Se tenant devant lui, on formulait le plus naturellement sa plainte, dans les termes les plus simples, comme on l'aurait fait en face d'un être humain. Il se trouvait que quelques instants après, la douleur qui tyrannisait le membre disparaissait pour de bon. La tyrannie exercée sur l'Africain noir par la culture européenne, a fait se recroqueviller sur lui-même le Noir ; jusqu'au point où le dominé se renie.

Que de fois seulement, on entendait des Noirs exploser de rire sur ces faits bien de chez eux. L'effet redouté d'un tel comportement, c'est l'abandon des connaissances qui pouvaient pourtant servir de leitmotiv à la recherche scientifique.

Ce scénario dans la forêt de Vallin est à la lisière de la pratique des fétiches. Par dérision, si l'Europe n'avait pas été le terrain de cette scène, il est à se demander vers quoi se serait déployée l'imagination, pour pondre le qualificatif qui lui serait affecté, réservé ? Celui de l'animisme ayant déjà été en usage, on serait sûrement reparti dans la mythologie égyptienne ou à défaut grecque pour en créer un de plus pour les peuples primitifs d'Afrique noire. Mais, dans le cas d'espèce, il s'agissait tout simplement de la physique mystique tel que la livrait la nature.

Il n'y a pas de sorcellerie ici, tout comme au niveau des fétiches. Ce qui est sûr, c'est que la relation sorcellerie - fétiche n'est pas unilatérale ou de fait. Le principe dans la nature est simple : tout ce qui la compose, sous les diverses formes et apparences, est source de pouvoir que les gens avertis peuvent exploiter. Il est aussi courant que la sorcellerie utilise tous ces éléments. **Ce** sont des pouvoirs combinés de plusieurs éléments de la nature que le féticheur manipule pour contrecarrer l'action maléfique du sorcier.

Il est aussi étonnant que le vieux Massamba ma Lubanda ait eu cette attitude curieuse envers la sorcellerie. Il niait jusqu'à son existence, c'est-à-dire son pouvoir censé tourner exclusivement vers la nuisance. Pour lui, la vraie sorcellerie était dans la faculté d'intolérance et la jalousie qui minait l'homme noir. Tout le reste servait d'habillage à une réalité qui n'avait de réel que sa grande faculté à alimenter la supercherie et l'illusion. Et, pour un pouvoir de nuisance, celui-ci était plutôt très nuisible : il nuisait à l'évolution sociale et économique à laquelle toute société humaine aspirait de droit.

-IX-

Tout à fait autre est l'interprétation que nous livrait un féticheur réputé dans le district de Boko. Il s'appelait Mpoudi. Plus connu cependant par le surnom qui décrivait son métier de guérisseur-féticheur : Makaya ma Sangui, c'est-à-dire celui qui détenait le secret des feuilles de la forêt.

Par un heureux hasard, on faisait connaissance avec cet homme. Il était de grande taille, à la carrure peu impressionnante en revanche. C'est par suite de la recherche d'un renseignement qu'on nous conduisit vers lui.

Ce que l'on cherchait, lui, l'avait. On cherchait la personne qui détenait les clés de l'histoire des propriétés foncières dans la région.

On se présentait, il nous toisa, très surpris. D'un ton ferme à la limite de l'intimidation, il nous demandait de répéter ce qu'on venait de dire.

On répétait, lui donnant l'occasion de bien fixer ce que l'on représentait. C'est alors, qu'on se découvrait en face d'un véritable griot. Une fonction qui n'existait plus. Il s'ouvrait à nous relater l'histoire du nom qu'on venait de prononcer.

L'amitié était scellée. À plusieurs reprises, on revint le voir. Ces visites le rendaient heureux. Il faut dire que ce féticheur, déjà très âgé à l'époque, plus de quatre-vingts ans, suscitait plus de méfiance que le contraire dans sa famille. Féticheur et chef de famille, les deux ingrédients qui le rangeaient automatiquement dans le compartiment du mauvais œil. Ainsi, les liens avec les siens étaient très ténus, les autres l'ayant mis dans l'isoloir des relations sociales pour mieux le surveiller.

Acte cependant insensé. Car, la puissance de la sorcellerie ne connait pas de frontière. Aucun mur en quelque matériau aussi solide qu'il soit, aucune distance, rien, ne peut l'arrêter. Il est illusoire de penser ainsi pouvoir se mettre en travers de la route du sorcier. Le seul rempart contre cette puissance, cette force, ce pouvoir, c'est le fétiche. Comme tel, le vieux féticheur-guérisseur — une redondance — nous trouvait sympathiques. Il nous proposait de nous initier à la pratique de la guérison et du guérisseur.

Dans l'angoisse des histoires qui avaient marqué notre jeunesse à ce propos, on n'acquiesça pas sur-le-champ. On lui demandait, un peu par courtoisie, un petit temps de réflexion. Ce à quoi, il souscrivait. On était cependant loin d'avoir saisi sa réaction. On n'avait pas compris qu'il avait presque lu dans notre pensée, la peur qui était la nôtre, de tomber dans une initiation qui pouvait avoir des effets inattendus et peu souhaitables. Un traquenard ! et en guise d'initiation pour la pratique de la guérison, rien ne l'empêchait de faire plus ; de nous copter dans le monde des ténèbres, le monde des sorciers. Alors, guérisseur Makaya ma Sangi prélevait une herbe sauvage dans sa concession, nous la montrait en décrivant ses caractéristiques physiques et mystiques. Il ajoutait que, portée sur soi, dans sa poche, elle préservait de mauvaises intentions des hommes. Particularité : il n'y avait rien d'autre à faire que de l'avoir sur soi. Voilà, ajoutait-il, « si je ne vous l'ai pas dit explicitement, que je vous ai seulement donné ce brin d'herbe avec les consignes d'utilisation, que n'auriez-vous pas pensé ? Vous vous serez dit, Makaya ma Sangi nous a remis un fétiche. Or au fond, rien de tout ça. Alors le féticheur, souvent, n'est qu'un petit imposteur. Il a appris la vertu des choses, des plantes et des feuilles, des insectes, etc. Ses connaissances, il les garde pour lui ou ne les transmet que par initiation. Voilà comment il conserve l'autorité sur le reste de la société. »

Aux visites suivantes, gratifié d'un peu de café moulu, du sucre en poudre, d'un litre d'huile, du sel et des harengs fumés, et d'un paquet de dix boites d'allumettes, toute chose plus accessible — du point de vue du prix et de la disponibilité – en ville, bien content, il s'ouvrait presque totalement.

Il n'y avait plus eu besoin d'un quelconque accord ; les relations humaines établies faisaient office d'accord ; cet accord qu'on s'était réservés de donner après réflexion.

On était muni d'un appareil photo numérique. On enregistrait ses leçons, prenait les photos de tout ce qu'il nous montrait. Un vrai trésor, mais inexploitable tant que l'on ne s'associait à une personne qui pouvait reconnaître les plantes dans la nature. Voilà pourquoi l'initiation était une étape sensible, très utile.

La réputation du féticheur pouvait être nuisible à la société. En ce que toutes ces connaissances qu'il détenait, par le mythe qui les entourait, rebutaient tout désir de transmission. Un féticheur qui mourait, c'est un pôle d'herboristerie détruit. Un environnement de peur l'entourait. C'était pour lui par ailleurs comme une protection, la carapace de la tortue.

On lui posait quand même la question de savoir pourquoi ce mystère autour du fétiche ?

Sa réponse pouvait être surprenante. Il nous répondait que, malgré tout, livrer ces connaissances à tous, pouvait présenter aussi des inconvénients. Pour initier une personne, le féticheur devrait d'abord entreprendre une certaine évaluation de la moralité de la personne candidate. Parce que, tant de connaissance entre les mains d'un escroc pouvaient s'avérer redoutable. Les mêmes choses qui font du bien, peuvent faire du mal. C'est aussi le principe des choses. Et, malgré tout ce qu'il venait de nous confier, il s'avérait que l'association de certaines plantes et insectes, peut avoir un effet dévastateur insoupçonné : par exemple, décimer toute une famille, alors qu'un seul individu était en cause.

On voyait bien où on allait. Si les fétiches jouissaient d'une telle réputation, ce n'était pas à une simple association de plantes qu'ils la devaient. Makaya ma Sangi ne tenait pas à dévoiler tout de ses pratiques. Il nous avouait, par ailleurs, qu'il y avait tout de même ce côté paranormal qu'on ne dévoilait qu'à l'occasion d'une initiation complète. Étape dans la pratique des fétiches où l'on peut sauver de la mort un individu que les sorciers ont presque achevé. Là, le féticheur rentre dans le monde des sorciers pour mener l'ultime combat de délivrance qui n'est cependant pas sans danger ; il y risque sa vie, car l'ennemi ne s'en laisse pas conter.

Bref ! Alors, là, le féticheur est un peu sorcier ; il l'est devenu par initiation.

Il s'arrêtait net. Il changeait de sujet, parce qu'il devenait quelque peu dangereux de s'y attarder. Par un tour de passe-passe, on le contraignait à y revenir pour une toute petite information, mais de taille.

Elle portait sur cette initiation à la sorcellerie. Il enchainait :

- « là, on est obligé de sacrifier des personnes. C'est dans la famille que l'on va puiser. Sinon, comment voulez-vous mener de tels combats pour libérer ce que le sorcier à enchainer, si vous n'avez pas vous-même, le féticheur, la puissance de ce dernier ? Impossible d'y arriver autrement ».

- « Voilà le vrai pourquoi de la rétention des connaissances par le féticheur ; parce qu'il a la compétence pour sauver, pour apporter la joie, mais il a aussi le pouvoir de nuire, d'apporter le malheur, la désolation ».

Généralement, pour cette étape, le féticheur choisit plutôt dans sa famille l'individu à initier ; parce qu'il est question de conserver ce pouvoir dans son giron.

La modernité coloniale avait fait se recroqueviller le féticheur sur lui-même. Parce que, nous dit encore Makaya ma Sangi, « les jeunes d'aujourd'hui aiment la vie de débauche ; ils aiment l'argent facile. Les fétiches peuvent donner l'argent ; cela exige des sacrifices humains. Alors, le risque de décimer les familles est réel. On ne peut plus leur transmettre ce pouvoir. »

Tout cela était bien logique et bien vrai. Des histoires sur l'enrichissement extravagant des jeunes faisaient partie des conversations quotidiennes. On pouvait voir dans la ville des jeunes gens ayant perdu un doigt de la main ou un orteil, sacrifié sur l'autel des pratiques magiques pour avoir l'argent. Ils voulaient jouir de la vie ; se pavaner au milieu de la société en réquisitionnant un taxi toute la journée. C'est lorsque ces jeunes ne trouvaient personne à donner en sacrifice, qu'il se prêtait à cette mutilation. Le féticheur avait bien raison de conserver son pouvoir.

Revenant sur notre personne, il enchainait :« Mais, je vous vois suffisamment mûr, sage ; je ne pense pas que vous puissiez vous laisser aller à ces dérives ». Et, prenant un ton très impersonnel, exprimant quelques regrets de ne nous avoir pas connus plus tôt, il chuchotait : - « vous auriez pu être initiés, si vous le vouliez ».

-On lui répondait qu'on n'était pas jeune et qu'à notre âge, on ne se lançait plus dans de telles aventures. Alors dommage !

Ce féticheur guérisseur sorcier était d'un physique maigre. Ce n'était pas faute d'argent, nous disait-il. « C'est que dans ce village Masese, il n'y a pas grand-chose à acheter. Il arrive que je fasse le déplacement jusqu'au village voisin de Kiazi, à la recherche de quelques aliments, notamment le pain de manioc, aliment de base dans l'alimentation locale, que cela soit un déplacement en vain ». « De plus, il n'y a personne à proximité, à qui je peux demander le service de me faire quelques courses dans le village-centre de Louingui, situé à sept kilomètres. Voilà le pourquoi de mon aspect physique ».

On voyait qu'au-delà, tout ceci ne constituait qu'un mur d'excuses qui cachait la véritable cause de son physique maigre. Il traînait une maladie. Il en avait conscience. Le toisant avec insistance, on voyait que ces pieds depuis la cheville étaient enflés. On le lui faisait remarquer, en ajoutant la précision médicale que cela pouvait être dû à une défaillance du cœur.

Par son regard, il nous lançait une flèche. Puis, se ressaisissant, il répondait que ce n'était pas grave et qu'il y pourvoirait. Il savait de quoi il s'agissait, le problème était qu'il n'avait personne sous la main à qui demander d'aller lui chercher les plantes dans la forêt.

Cela n'était cependant pas l'excuse principale. En effet, il était exigeant à l'excès. Par exemple, il ne serrait jamais la main d'un visiteur sous l'argument qu'il ne pouvait pas être rassuré sur sa moralité ou plus exactement sur son comportement sexuel. Il ne saluait jamais une femme en lui serrant la main. Elle est par nature apte à détruire le pouvoir des choses, des plantes et des fétiches, rien qu'en les touchant. Parce que la main d'une femme touche nécessairement son sexe quand elle va se laver. Mais ce moment, pourtant utile dans la vie, a malgré tout scellé le sort de la femme. Alors, pourquoi ne serrait-il pas la main d'un homme ? C'était pour la même raison.

Cela frisait la paranoïa. Il suspectait tout homme d'avoir eu des relations sexuelles et de n'avoir pas procédé au rituel de purification du corps souillé par cet acte, en prenant un bain : l'unique procédure capable de redonner la pureté au corps.

Bref !

Makaya ma Sangi naviguait dans un océan de méfiance, d'interdits, pour préserver son pouvoir mystique qui lui permettait de sauver des vies humaines. Mais, ces exigences se retournaient contre lui-même. Voilà qu'il était malade, lui le guérisseur, qui ne pouvait se soigner, parce que redoutant l'immoralité sexuelle de tous.

Il n'était pas marié ; il vivait seul. Puisqu'il en était ainsi, on lui proposait d'aller voir un médecin. Le mot qu'il ne fallait pas sortir. On avait pourtant cru bien faire, pour son intérêt. Il vociférait :

- « Jamais ! Moi, Makaya ma Sangi, aller voir un docteur ! Y a-t-il plus docteur que moi ! Qu'est-ce qu'il peut m'apprendre ce docteur ?! »

Il se ressaisissait de cet accès de colère, nous invitant à ne plus prononcer ce mot. On s'exécutait. Il détendait l'atmosphère en nous montrant d'autres feuilles et herbes et leur utilité.

On prenait congé de lui. En nous retirant, on marmonnait qu'il avait décidé d'en finir avec la vie : Pas facile de vivre rejeté par les siens. Et, en dépit des visites qui ne manquaient jamais, vu sa notoriété, il se sentit bien seul. C'est souvent cela aussi la rançon de la notoriété dans cette société. Les personnes âgées qui se retrouvaient moralement malmenées par les leurs, ne relevaient pas que des faits de simples gags ; surtout lorsque ces personnes n'avaient pas de progéniture directe. Ainsi, nos visites lui faisaient grand plaisir.

Ce plaisir était finalement partagé. On profitait de tout moment de loisir pour lui rendre visite. Comme ce jour d'un mois de janvier, on revint, sur une intuition, lui rendre visite. On le trouvait dans sa cour, assis dans une chaise d'où il n'arrivait plus à se relever. On tombait si bien. Il nous demandait de l'aider à se lever. Avec notre soutien, il avait pu marcher très péniblement jusque dans sa maison ; jusqu'à l'aider à s'asseoir sur son lit. Un dernier service : on avançait un petit vase près de son lit.

Devant nous, il se couchait. Il arrivait à peine à se mettre sa couverture sur lui. Pour cette action, il refusait notre aide. Il nous demandait en revanche de pousser la porte derrière nous.

Aussitôt, on sortait. On avait compris que son seul désir à ce moment-là était d'être seul. Peut-être pensait-il déjà à l'au-delà et qu'il fallait qu'il s'y préparât dans la tranquillité de la solitude.

Bien que féticheur, il était bon chrétien. La communauté de sa confession religieuse se déplaçait parfois jusque chez lui pour la grande prière du dimanche. On avait été témoin de cette reconnaissance. On lui en avait parlé :

- Ne trouvez-vous pas de contradiction entre le féticheur et le chrétien qui sont censés lutter en vous ?

- Non, répondait-il ? Les gens ont diabolisé les fétiches. Mais qui a créé les arbres, l'herbe, les oiseaux, les autres animaux, n'est-ce pas Dieu ? De quoi se sert le féticheur ? Ne sont-ce pas de ces choses créées par Dieu ? Alors où est la contradiction ?

Un peu théologien, le féticheur, se dit-on au fond de nous. On ne s'attendait pas, en effet, à une telle réplique.

Eh oui ! Si Dieu a tout créé et que tout ce qui a été créé a été déclaré bon par lui le créateur, pour quelle raison, se permettait-on de diaboliser les fétiches ? Le colon avait son objectif en diabolisant tout cela. Mais pourquoi le colonisé a accueilli cette diabolisation avec tant d'enthousiasme ? Est-ce parce qu'il n'avait pas saisi le vrai message du colon ? Ce qui reviendrait à dire que l'assassiné eut pris part active à son assassinat pour n'avoir pas prêté forte attention au contenu de l'objet de son accusation.

Il se passait plusieurs mois, avant que l'opportunité d'une énième visite à Makaya ma Sangi ne se soit présentée. Parce que, entre-temps, il s'était produit un énième évènement politique désormais sanglant que ce pays venait de vivre ; lequel interdisait de prendre le risque de s'éloigner de chez soi ; surtout de sortir de la ville capitale pour se rendre dans la région limitrophe. La moindre incartade politique en ville avait une très forte résonance dans cette région, qui ainsi vivait son martyr, ne comprenant pas toujours, ni l'objet, encore moins les raisons de son implication dans des joutes politiques censées s'être produites dans la ville capitale.

Le quatre du mois d'avril de l'année deux mille seize, Makaya ma Sangi quittait ce monde de jaloux, d'envieux, un monde qui lui avait réservé le plus amer dans une vie : la solitude imposée lourde à porter, sanction d'une vie à rendre la santé à tous ces malades de toutes sortes qui vinrent le consulter et qu'il délivrait comme il savait le faire.

On l'ignorait. Personne de son entourage ne nous connaissait. Même cette partie de sa famille qui nous avait de loin vu lui rendre visite, ignorait notre numéro de téléphone qui figurait bien dans son calepin.

Ainsi donc, ce jour-là, on décidait de lui rendre visite. Arrivé devant chez lui, le chien qui nous connaissait, qui venait toujours nous accueillir lorsqu'il entendait le son du moteur de notre véhicule, n'apparaissait pas. L'herbe avait gagné du terrain. On s'avançait, aucun signe de vie dans la concession. Puis, on voyait la porte de la maison entrouverte. On devinait aussitôt le pire scénario. Se retournant, on voyait une personne qui passait son chemin. Par un bonjour presque forcé, on l'obligeait à s'arrêter et à nous consacrer un peu de son temps. Il obtempérait. On lui posait la question de savoir s'il connaissait Makaya ma Sangi. Il nous répondait qu'il était décédé et l'enterrement avait eu lieu le jour où se produisaient à Brazzaville les fameux évènements politiques. On le remerciait, et il poursuivit son chemin, sifflotant un air comme pour marquer sa joie d'avoir instruit l'inconnu que nous étions sur cet évènement pas vraiment gai.

On était un peu malheureux. Le cimetière familial était à une vingtaine de mètres. On s'avançait pour une confirmation visuelle. Comme si on ne voulait pas accepter le sort. On vit une tombe nouvelle ; le carrelage était encore rutilant. C'était bien vrai. Au fond de nous, on lui lançait : adieu, notre vieil ami.

Ces longs récits sur cet aspect de la vie sociale pouvaient induire l'idée qu'on y était favorable. Il est plus certain que l'on ne s'inscrivit pas dans le registre des va-t-en-guerre contre ce qu'ils rejetaient comme de l'obscurantisme : un rejet ostracisant l'horizon de la société. Car, quoi qu'on en dise, même s'il n'avait guère été établi des statistiques sur les effets positifs de ces pratiques, il était aussi fantasmagorique de penser que ces populations ne souffraient pas de diverses maladies. Scénario qui était loin d'être satisfaisant, tant l'hypothèse releva un peu plus du farfelu. Ces populations étaient composées d'hommes et de femmes qui souffraient moralement et physiquement ; ils avaient besoin de soins de santé. Ce besoin trouvait son répondant dans les connaissances de ces praticiens, herboristes et féticheurs.

Le colonialisme l'avait bien compris. Mais son objectif était aussi bien fixe : l'exploitation coloniale devait porter sur tous les fronts. Aussi, se satisfaisait-il des suppositions à son égard par le colonisé, lesquelles distillaient les aprioris du colon sur les fétiches et l'herboristerie.

Fantasme du colonisé !

Parce que, à son corps défendant, le colon trouvait bien à propos d'appliquer le terme de pharmacopée à cet ensemble de connaissances des plantes et d'autres éléments de la nature.

Indolence de l'Africain pour la recherche, ou désir effréné d'aller bien droit vers une assimilation à l'autre ? Le goût morbide de l'aliénation ? Difficile, en effet, de saisir ce comportement qu'il ne faut peut-être pas attribuer entièrement au matraquage intellectuel exercé par le colonialisme. À moins de relever aussitôt la curiosité paradoxale de ce matraquage au bout duquel, le colon s'engageait à constituer un gros répertoire sur les plantes et les pratiques de guérison chez les peuples colonisés. Des organes de recherche étaient créés, des études interdisciplinaires étaient lancées. Pendant que s'installait une station météo, souvent en pleine nature, dans le sillage, l'ethnologue entreprenait son étude. Bref ! Une véritable cartographie sur les traits culturels de toutes les tribus dans l'aire coloniale était établie : sur le mariage, sur la justice, sur l'alimentation, etc. Toute connaissance utile, - à en déduire de cette frénésie dans l'investissement – pour mieux asseoir le système colonial. Peut-être ! Mais de là penser que c'étaient là des préoccupations propres à la colonisation pour justifier son rejet, le colonisé avait donc été bien déstructuré dans sa personnalité. Faire fi de toutes ces connaissances qui lui avaient été servies, et refuser de consommer, il faut croire que la schizophrénie était bien dans le colonisé. Des études qui étaient en même temps des révélations sur l'efficacité de la stratégie d'occupation coloniale et sa pérennisation : Refus du colonisé de les adopter.

Organe de recherche créé à des fins stratégiques : ORSTOM. L'Office de Recherche Scientifique des Territoires d'Outre-Mer avait ouvert des stations sur toute l'étendue du territoire colonisé. Il avait un nombre assez important de salariés autochtones. Il s'ouvrait aussi à la curiosité scientifique des Africains. Des chercheurs africains étaient associés parfois pour leur transmettre le goût de la recherche fondamentale ; ou pour apporter au colon les meilleures clés de décryptage social. Est-ce pour autant que la dissolution réduction de l'importance de cet office pouvait correspondre à l'émergence et à l'autonomie des organes nationaux de recherche dans le genre « va-t'en que je m'y mette » ?

Pour une curiosité, elle n'était pas assez consistante. D'abord, parce que dans l'imaginaire du colonisé, le domaine de la science devait être exceptionnel. Se poser la question sur les goûts alimentaires, suivis des habitudes, n'avait aucun intérêt scientifique. Pourtant, Desvauges entreprenait une étude sur l'entrepreneuriat dans son environnement familial, au travers de laquelle il montrait les incidences interactives entre le Ndoki (le sorcier), l'oncle et l'entrepreneur. Et, ce n'était pas sans intérêt. Pour ce colonial, l'intérêt était bien palpable, tant que cette trilogie pouvait aider à comprendre les goulots d'étranglement qui empêchaient la greffe du progrès de prendre corps. Plus de trente années après, enfin, Dzaka et Milandou – des colonisés – se lançaient sur cette piste tracée pour tenter de comprendre l'apparente et difficile naissance de l'entrepreneuriat local. Ils débouchaient sur une analyse positive du repérage des facteurs de blocage et de stagnation socioéconomiques.

Si les thèmes de recherche devraient épouser les contours de l'intérêt de la mondialisation, on craignit que la marginalisation devînt le pire des comportements contre le progrès ; celui qui allait se frayer un chemin vers la critique, et la dénonciation facile ; ce que Massamba ma Lubanda qualifiait de sorcellerie, c'est-à-dire la propension très marquée de l'individu autochtone au blocage et à la démolition de l'édifice rampe de lancement du progrès social. Et, ce n'était pas par ailleurs une simple hypothèse d'école : les plans de développement, les aides, le nombre croissant de diplômés, tout cela semblait être sans effet.

– XI-

Gagné par quelques influences colonisatrices sur le fameux mouvement d'un retour vers le naturel, on allait se tourner vers l'herboristerie pour mieux la comprendre. Fort des enseignements de Makaya ma Sangi, et de la séquence de guérison par le traditherapeute Mvouama sur les démangeaisons, nous nous sommes convaincus de l'efficacité des plantes et des techniques qui les accompagnent. On faisait la connaissance d'une personne très portée sur la prière. C'était de mode au Congo.

Autour des confessions religieuses coloniales régnantes, catholique et évangélique, s'était développé un mouvement de guérison qualifié de charismatique. La pratique de la prière favorisait des révélations sur les plantes qui soignent ainsi que leur posologie.

De son nom, Babéla et Daniel comme prénom marquant sa conversion et son allégeance aux croyances venues d'ailleurs. Il avait eu des révélations. On procédait avec lui, comme on avait procédé avec les autres : des conversations à bâtons rompus.

On avait une méthodologie et une problématique bien rodée. L'expérience y était. Aussi, avec une certaine promptitude, on lui dévoilait qu'en la matière, on n'était pas totalement un novice. Cela lui plut.

Il se sentait rassuré ; il s'ouvrait à développer sa théorie sur la question : Un moment donné, il était le second d'un guérisseur charismatique, Monsieur Samuel, qui n'était pas un inconnu pour nous.

On avait été orienté vers ce guérisseur pour un problème cardiovasculaire. Cette pathologie avait été diagnostiquée, très scientifiquement, dans les services du Centre Hospitalier Universitaire du pays. Le médecin traitant — en réalité dans le cadre de la médecine du travail – ayant lu l'électrocardiogramme général ECG, nous dressait une longue liste de prescriptions, essentiellement établies sur des modifications de comportements au niveau alimentaire. Cela parce que les possibilités scientifiques et pharmaceutiques d'alors dans le pays présentaient d'énormes insuffisances ; que le seul traitement à cette pathologie était bien cette liste de prescriptions ; ce qu'un autre médecin à qui on avait eu l'idée de se confier, lui présentant l'électrocardiogramme ECG, confirmait : il n'y a que l'hygiène alimentaire comme traitement adéquat. C'est, cet autre médecin qui nous suggérait cependant d'aller voir du côté de l'herboristerie.

Comportement rare et atypique d'un médecin qui versait aussi dans le mysticisme. Voilà pourquoi cette suggestion.

Le tradi-thérapeute Samuel, un peu hautain, nous confiait qu'il allait nous soigner et nous guérir. – La précision ici est importante : les prétentions de l'herboristerie ne s'arrêtent pas au fait de soulager, mais vont jusqu'à la réalisation de la situation de guérison. - Au bout de trois mois de traitement, on repartait vers le cardiologue pour un autre électrocardiogramme ECG. Ô agréable surprise : la situation était redevenue quasi normale.

On repensait au traitement suivi jusque-là. À la première visite, il nous avait demandé de revenir avec une bouteille en verre d'un litre, et un carnet pour mentionner le traitement. En guise de traitement, on avait eu droit à de l'eau. Limpide et claire comme l'est l'eau de source, sans saveur particulière.

Grande surprise ! On se tournait alors vers le carnet pour avoir une idée de la composition de ce traitement.

Il ne savait pas lire ni écrire. Pourtant, il affectionnait cacher ces tares (c'est ainsi qu'il le vivait) en baragouinant le français. Il faisait appel à un de ses fils, scolarisé, et lui dictait le fameux traitement. Le jeune homme écrivit, un peu surpris, ce qu'il lui ordonnait d'écrire : Tari ; c'est-à-dire la pierre.

Cela nous avait torturés l'esprit pendant longtemps. Pourquoi ce mot ? Était-ce parce que cette eau était recueillie entre des pierres ou dans l'interstice d'une pierre cassée ? Mais comment cette eau avait-elle pu contribuer à modifier l'électrocardiogramme général ?

Monsieur Samuel n'était pas du genre ouvert. Il semblait bien préoccupé par sa notoriété. Chaque jour où l'on s'était rendu chez lui pour récupérer le litre d'eau du traitement, il y avait toujours foule. Ça ne désemplissait pas. Ce qui le rendait indisponible pour des échanges sur l'histoire de ses dons. C'est tout étonnant qu'il eût pu nous confier, négligemment, qu'il était sorti de l'école de formation de la paroisse protestante dans le village Ngouédi.

Il se décrivait comme le fils spirituel d'un pasteur de l'Église évangélique au Congo. D'où il était un tradi-thérapeute du mouvement charismatique.

Très réputé dans la première décennie après l'indépendance, ce temple de l'Église évangélique était animé par un homme, un pasteur très charismatique, le pasteur Ndoundou Daniel.

Il avait presque le pouvoir sur la maladie. Tata Ndoundou guérissait. Le monde dans la presque totalité du pays et dans le pays voisin de l'actuelle RDC accourait. Auprès de lui, des chrétiens s'initièrent, parmi lesquels Samuel. Voilà pour toute révélation de sa part.

Le mouvement charismatique tire sa notoriété des capacités et facultés de voyance de ces adeptes. Il prétend parvenir à l'état d'extase qui lui ouvre l'aura des connaissances occultées par le matérialisme. Ainsi, à la suite d'intenses activités de méditation par la concentration, l'extra-physique envoie des signaux décryptant des mots, à des intercepteurs, femmes ou hommes. Ceux-ci deviennent du coup des centres de connaissance de l'herboristerie, de la phytothérapie, etc. Voilà comment des centres de santé émergent dans l'enceinte des paroisses des églises établies.

Mais pourquoi ne pouvait-on pas reconnaître cette faculté charismatique dans les révélations qui avaient permis la constitution du savoir de l'herboristerie et de la phytothérapie antérieure à l'évangélisation ?

On avait Babéla D., le second dans l'ordre hiérarchique imposé par Samuel, selon le charisme guérisseur de chacun de ses assistants. On se contentait de sa disponibilité.

Il nous confiait alors qu'il avait maitrisé la technique du sirop, qui permettait de conserver plus longtemps les préparations des potions à l'aide des plantes. Ce qui nous interloquait. Il ajoutait qu'il avait le secret d'une tisane qui venait à bout de n'importe quel type de paludisme.

– Très intéressant !, se disait-on.

Le paludisme est le pire fléau de la vie dans ce pays. Il fait des ravages. Il est responsable de tant de victimes et de l'extension effrénée des cimetières dans le pays. Mais aussi, de tant de schizophrènes dans nos villes, car il rendait aussi fou.

Il avait su lire notre intérêt pour l'herboristerie. Il nous livrait alors le fond de sa pensée. Il nourrissait depuis longtemps le vœu d'une production du sirop antipaludéen à plus grande échelle. Mais il n'en avait pas les moyens. Et, en guise de moyens, il avait en fait besoin d'un petit fonds financier qui lui permettrait de se lancer.

On l'écoutait. Ne l'interrompant que pour quelques précisions sur l'utilisation des fonds financiers. Des précisions qu'il n'eut aucun mal à apporter. On se décidait de l'aider. Financièrement et logistiquement. Fort de cette assistance, il se décidait à nous apporter la preuve de son savoir-faire.

Ensemble, nous allions dans la nature pour cueillir et ramasser les différents éléments qui composaient la potion. Sept éléments au total : des feuilles, des racines et des écorces. Les feuilles étaient bouillies à grand feu ; une partie des racines subissaient le même traitement pendant qu'une autre partie était en macération vingt-quatre heures durant, ainsi que les écorces en macération dans des récipients différents.

À l'école de Samuel, la leçon la plus importante était celle qui instruisait sur l'importance et le soin particulier à apporter à la préparation des potions. L'efficacité recherchée y était rattachée. Chaque élément composant une potion avait sa spécificité et sa particularité qu'il fallait exploiter au maximum. Aussi, plusieurs variétés de plantes qui passaient par la macération, par exemple, devaient être macérées individuellement et non ensemble dans un même récipient. Ainsi, la solution obtenue est plus concentrée et conserve cette concentration après le mélange avec les autres solutions.

Dans une grande marmite, sur un feu très ardent, fondait le sucre. Puis, toute la préparation antérieure était versée dedans. On recueillait le produit, une centaine de litres de sirop.

Devait s'ensuivre l'étape de la commercialisation. L'étape de vérité, finalement, sur l'efficacité prétendue du produit. On s'imposait une démarche scientifique à cet effet : tenir un registre sur les appréciations par les consommateurs, ce qui était utile pour nous rassurer sur la suite de cette coopération. Cette première étape devait être à fonds perdus. L'essentiel était pour nous d'avoir une évaluation nette de cette efficacité.

On prélevait deux litres qu'on se réservait pour un test à domicile. Tous nos visiteurs y avaient droit d'office. Pour le test de l'efficacité et de sécurité, nous étions les premiers cobayes. Il fallait éviter à tout prix tout désagrément qui serait venu d'une tierce personne.

Au bout de quelque deux cent litres distribués, les retours étaient bien au-delà du simple effet sur le paludisme. Sur nous-mêmes, les effets attendus étaient bien au rendez-vous. On n'utilisait plus que ce sirop autant pour la grippe que pour le paludisme. De plus, sa prophylaxie allait des soins jusqu'à une protection sur un assez long terme.

Un jour, alors qu'on se réveillait terrassé par la grippe, on eut l'idée curieuse, intrépide, de la combattre avec ce sirop : quelques gouttes dans chaque narine en inspirant le plus que l'on pouvait. Quelques instants après, la grippe n'était plus qu'un souvenir. Pour plus de deux années jusqu'à ce jour où nous sommes en train de relater ce fait. Mais le plus surprenant venait de ceux qui avaient utilisé le produit : en plus du paludisme et de la typhoïde, les premières cibles de ce sirop, on apportait le témoignage sur la diarrhée traitée, et bien d'autres pathologies, parfois assez graves.

L'herboristerie a bien de l'efficacité. Ce qui gênait un peu dans l'attitude à son égard, c'est l'excès d'assurance affichée par ses détracteurs. Le plus gênant, c'est la prétention scientifique affichée par tant de gens, en contradiction flagrante avec leur attitude envers l'herboristerie et même le fétiche.

La démarche scientifique procède essentiellement par la préoccupation de comprendre, suivit de celle de reproduire, donc de tester, et enfin d'évaluer. Et, dans le cas de l'herboristerie, il n'y avait qu'à se souvenir que la médecine coloniale n'était apparue que récemment, un siècle à peine. À moins d'être un inconditionnel de l'absurde, il est à envisager simplement la situation antérieure à cette apparition, pour se questionner sur l'environnement de la santé dans la période ante-coloniale. Et, aussi à émettre, comme entre autres regrets, l'invasion du temps colonial sur la société locale.

Jamais un peuple ne s'est montré à ce point fermé à de telles objections. Dans quel but ? Un comportement anachronique qui vaut l'élévation au podium de la morale de l'ancien colonisateur dont les propos sur les colonisés devraient nous conduire à l'expiation du péché à sa place. Des regrets qui amusent plus qu'ils n'instruisent sur la situation.

Que de fois n'a-t-on pas entendu les adeptes du lyrisme invocateur, intervenir sur la perte énorme de la bibliothèque d'herboristerie, à l'occasion du décès d'un vieil homme ? Ce qui est regrettable dans ces semblants de regrets, c'est l'accusation qu'ils véhiculent. On accuse les personnes âgées de n'avoir pas assuré la transmission de ces connaissances, dans un esprit proche de la politique dite de la terre brulée.

L'expérience a montré que si les diplômés avaient voulu capitaliser sur ces connaissances, ils les auraient héritées de ces seniors qui n'attendaient que cela. Parce que, curieusement, les vieux avaient perçu, dans l'éducation scolaire, l'atout pour la survie de toutes ces connaissances.

Voilà que cette fois-ci, un mal très tenace nous conduisait auprès d'une personne que l'on connaissait, mais dont on ignorait les talents.

C'était un mal au talon que l'on traînait depuis quelques années. Mais de plus en plus, il devenait très présent.

On se confiait à un ami, qui s'étonnait de notre faire-part. Il nous rappelait que la maman — sa maman - était la spécialiste attitrée pour cette pathologie. Et, comme de coutume dans ce genre de cas, il arrosait son récit d'une histoire de guérison d'un citoyen sénégalais, vivant au Congo depuis des années et qui souffrait du même mal, le mal au talon. Ce dernier avait arpenté les cabinets médicaux sans aucun résultat. Une personne de ses connaissances l'avait alors mis sur le sentier de la tradi-thérapie. Il s'y laissait bercer.

Une adresse lui était indiquée. Il s'y rendait sans tarder. Il avait trop mal.

Arrivé chez la tradi-thérapeute, il expliquait son mal. Celle-ci, du haut de son âge et de son expérience, rassurait le patient sur le bon choix qu'il venait de faire, « parce que vous serez guéris en trois jours ».
– Très sûre d'elle, maman Bikouéri Joséphine, pouvait-on dire. Petite de taille, l'air toujours joyeux, le regard très digne.

On se laissait bercer par le récit de notre ami Ndoto A. Puis, on réagissait en demandant plus d'informations sur ce qui pouvait entourer ce traitement : ce qu'il fallait fournir.

– Exigence unique : être matinal.

On arrivait chez la maman très tôt, un peu après cinq heures trente minutes. Notre ami ne l'avait pas informée de notre arrivée.

Ce n'est pas grave, dit-elle. Elle nous invitait auprès du foyer de cuisine dans la cour de la concession ; elle nous demandait deux pièces de monnaie de dix francs CFA.

On lui présentait le talon. Elle plongeait ses doigts d'une seule main dans la cendre du foyer et les appliquait sur le talon, en prononçant quelques mots dans une langue qu'on avait de la peine à comprendre.

Deux ou trois passages des doigts sur le talon, on lui donnait les pièces. Les prenant une dans chacune de ses mains, elle les faisait claquer à deux reprises à côté du talon. Cinq petites minutes au total pour cette opération, ce premier matin.

Cela devait se faire en trois jours. Après le deuxième jour, on avait déjà moins mal. Après le troisième jour, le mal avait disparu. Cela fait environ une dizaine d'années aujourd'hui que ce mal de talon ne nous empêche plus de nous adonner à notre sport favori, la marche.

On n'allait pas se contenter de cette guérison, à la limite du miracle. On s'empressait de lui demander si elle avait pu initier ses enfants à cette technique.

Notre curiosité la plongeait dans un désarroi qu'on ne comprenait pas.

Elle nous expliquait qu'elle n'était pas en mesure de transmettre cette faculté. Et pour cause :

Dans sa jeunesse, nous confiait-elle, elle avait souffert de ce mal. On la confiait au guérisseur spécialisé dans sa région. Par un heureux concours de circonstances, celui-ci lui proposait de l'initier pour lui transmettre la maîtrise de ce traitement. Une initiation en deux phases : l'initiation, c'est-à-dire la transmission des codes sacrés et la remise du fétiche-souche. Il y a une certaine interactivité entre les deux.

L'initiation permettait de soigner. Mais, sans le fétiche-souche, la transmission était impossible. Elle avait été initiée avec cession du fétiche-souche. Puis était arrivé une période où elle vivait chez les prêtres catholiques à la mission de Kindamba. Ces cousines s'inquiétèrent alors de la survie de ce fétiche-souche qu'elle avait avec elle. Craignant l'action destructive des prières des prêtres sur les fétiches, elles vinrent lui ravir le fétiche-souche et l'emportèrent avec elles ; il fallait sauver ce fétiche qui était si utile. Madame Bikouéri avait donc un vrai pouvoir de guérison, qui lui avait été transféré par l'initiation, lequel avait comme socle un fétiche spécial. Elle ne l'avait plus ; elle ne pouvait pas transmettre à la génération suivante.

Mais pourquoi arriver très tôt le matin ?

Dans le monde de l'ésotérisme, la répartition horaire est de toute importance. N'importe quel acte ne peut pas être posé à toute heure. Il y a toute une série de contraintes qui entoure les prestations. Et, dans ce cas de ce fétiche, le moment de la prestation était la première condition de l'efficacité du traitement.

Ses soins ne se pratiquaient qu'aux premières heures de l'aube. À six (6) heures du matin, c'était déjà trop tard. Elle ne nous en disait pas plus.

On comprenait ! Les pièces qu'elle frottait l'une contre l'autre sous un claquement, émettaient un son qui était l'expression d'un ordre intimé au mal de sortir du corps. Elle avait soigné et guéri tant de monde. Elle nous avait guéris, gracieusement. Non pas parce qu'on était l'ami de son fils, mais parce que ce fétiche lui intimait l'obligation de soigner sans prétention sur un probable enrichissement. Ce qui aurait pour effet immédiat, la disparition de la faculté. Ce qui, dans la plupart du temps, faisait perdre la notoriété et alimentait l'animosité envers ces techniques de soin de santé. Elle nous avait soigné pour deux cents francs CFA : des broutilles même pour le pouvoir d'achat du plus miséreux des citoyens.

À quatre-vingt-treize ans, le destin la rattrapait. Elle partait avec ses capacités. Une bibliothèque s'était envolée, aurait-on pu crier.

Ni la semaine qui précéda son inhumation, période dite de deuil, ni au moment de l'inhumation, on n'entendit s'élever quelques regrets sur cette perte. La cérémonie consista bien plus à célébrer la longévité d'une vie bien remplie par le nombre conséquent de petits-fils.

Les Africains ne sont pas les seuls à détenir le secret des pouvoirs de certains éléments de la nature. Loin de maman Bikoueri, à des milliers de distance, dans l'ancienne métropole, un homme venait de subir une opération chirurgicale dans un hôpital aux performances reconnues et en cette vingtième année du XXIe siècle.

L'équipe qui s'était investie dans cette tâche l'avait averti de quelques instants de douleur résiduelle. Il la sentit. À sa surprise, encore au sein même de l'hôpital, on lui suggérait de voir un spécialiste de la douleur, connu sous le dénominatif de « coupeur de feu ».

L'origine de la suggestion le mit presque automatiquement en confiance. Il alla voir le fameux coupeur de feu qu'on lui avait conseillé.

Deux séances avaient suffi pour faire disparaître la douleur. Deux séances gratuites, car ce coupeur de feu exerçait à ses heures perdues. Badinga G., né congolais pendant la coloniale et naturalisé français vivant en France en gardait un bon souvenir ; si bon qu'il allait proposer à une Française de souche, cette thérapie.

À la suite d'un accident de circulation, Blaise F. passa quelques moments aux soins hospitaliers. Cependant, elle continuait à endurer des douleurs au niveau de la hanche. Badinga, l'ami de la famille, lui suggérait la thérapie du coupeur de feu.

Elle obtempéra. Le résultat fut là, au rendez-vous. La curiosité de Françoise sur cette méthode suscitait une certaine sympathie de la part du coupeur de feu ; plutôt, la coupeuse de feu, car c'était une femme. Elle apprenait à sa patiente qu'elle pouvait intervenir sur le corps à distance, par le canal du téléphone.

Une chose parait générique dans la pratique de ce qu'on peut considérer comme un vrai don. L'aspect financier y est absent. Pour cette coupeuse de feu, l'acte de guérison qu'elle proposa était gratuit.

Patient, circulez ; il n'y a rien à débourser. Comme quoi, il n'y avait pas que les Africains qui pouvaient recourir à ces pratiques d'un autre âge en apparence. Mais dans les soins de santé, il n'y a que la performance qui devrait compter, et non le somptueux décor très énergivore et l'environnement éclairé par la croix dont le vert semble indiquer le chemin d'une guérison à coups de finances.

Des histoires, pour les diplômés Africains, Congolais. Mais peut-être une fuite en avant pour dissimuler l'incapacité qui les caractérisa. Ou encore l'exhibition de cette tendance mortifère, une société qui se tourne en dérision sans cesse. Parce qu'il y a nécessairement de quoi alimenter une problématique.

C'est à la recherche de déterminer les ruptures, les trous, et autres, et non à la sensation. D'où s'interdire la recherche parce que les connaissances acquises par la scolarisation coloniale ne blairent pas ces pratiques sociales, sociétales, parait aussi contreproductif. Se servir d'une pelleteuse pour pousser dans un coin de toute odeur nauséabonde des pratiques soutenues par un savoir-faire qui a traversé le temps, n'est ni plus ni moins qu'une attitude antiscientifique.

Il est anti scientifique de croire que la science est unilatérale, exclusive d'un environnement qui en devient l'environnement-type. La biologie doit tout à l'environnement. C'est en cela qu'elle peut se permettre d'afficher son universalisme. Parce qu'elle reconnait autant que la physique, la chimie, que l'environnement détermine les aptitudes biologiques des éléments de la nature à transcender les connaissances.

Il n'y a donc pas lieu d'idéologiser la biologie. D'en faire un élément de la lutte des classes ; la lutte des races, entendues émotionnellement.

Parfois, le colonialiste, dans un élan de remords, avait paru se lancer dans une autodérision pour une ultime tentative d'éveil de conscience chez le colonisé. L'Afrique lui parut bien ambiguë. Comment était-ce possible ?

Le mea-culpa est humain. Quand un acteur majeur dans une société a pris conscience de ses dérives, l'obligation incombe aux victimes de saisir la balle au rebond pour se reconstruire. L'ambiguïté chez le colonisé était son refus de se reconstruire.

Le syndrome de l'esclave : refuser de recouvrer sa liberté devient le point clé d'une sagesse qui aspire à voir s'élever l'individu au bien-être, même si celui-ci reste à définir. En bref, le tout est dans la priorisation des gains attendus.

Ce n'est guère une invitation à la panspermie sociale. La question ici n'est pas dans les hypothèses. Bien que toute structuration sociale soit à fin déterminée. Revendiquer une certaine scientificité des choses ne devrait pas être exclusive de certaines choses. La géographie, le climat et le reste du genre, ne seront jamais déterminants sur un perfide système de pondération dans l'appréciation des valeurs. Pour ainsi dire, que le lion chasse l'antilope pour survivre n'est qu'une donnée de l'existence. Que l'antilope adopte un comportement de survie pour déjouer la ferveur du lion, est cet élément qui donne une cohésion à l'existence. Le colonialisme devait chasser. Mais pour quelle raison le colonisé devait se faire l'avocat de cette chasse ?

-///-

Le charlatanisme était en ligne de mire.

Dans cette lutte historique, il est à noter les différentes étapes, et surtout le sens des mots : ceux utilisés à des fins de distraction, ceux utilisés à des fins de décapitation.

Bref ! Mais tout cela, pourrait-on dire, est de bonne guerre. Le plus surprenant, le plus agaçant, c'est cette démence qui enlace l'intelligence et fait girouetter jusqu'à la perte totale de sa conscience. Comme on suppose que cela devrait se passer.

Généralement, certaines définitions ne s'éclairent que par l'action réverbérant de l'objectif poursuivi. Voilà : l'objectif du système de santé, c'est le bien-être, c'est-à-dire, la capacité de ce système à épargner de la dictature des maladies. Et, ce n'est rien que cela. C'est là que se trouve la césure entre l'utile et le potentiellement utile. Prendrait-on un quelconque risque à voir dans la stigmatisation des pratiques divergentes une volonté de domination ?, et contrarier à tout prix les consciences pour mieux les assujettir, il n'y a aucun doute. Il n'y avait pas de conclusion plus apte à expliquer cette occlusion de l'intelligence dont était victime cette société. Le plus curieux, c'est que la douleur, pourtant très aiguë, ne sembla pas suffisamment intense pour éveiller la conscience. Comment toute une société semblait marquer le pas au rythme d'une forclusion édictée finalement par le système scolaire ?, est aussi ce qui avait pouvoir de choquer l'ethnologie.

À tête reposée, reprenons le cheminement d'un deal qui ne s'est que subrepticement dévoilé : l'école avait devoir d'affranchir l'individu de l'ignorance. Elle devait ainsi apporter l'éclairage sur la société. Ce qui avait été en partie réalisé. C'est aussi le devoir de l'école d'élever l'individu à un niveau satisfaisant d'acquisition de compétences, notamment dans l'évaluation. On devrait évaluer partout, sur tous les faits sociaux. Ce que le scolarisé avait semblé refuser. Pour une raison tout autant opaque, que sa conscience eut été subtilement inversée : où commençait le charlatanisme et où commençait la médecine ? Où commençait le savoir et comment pouvait-on jumeler le savoir avec le faire pour un savoir-faire qui apporterait la solution la plus satisfaisante à un problème le plus résilient ? Ainsi que plus explicitement, pourquoi une guérison exceptionnelle revêtit-elle la qualité d'un miracle, ici, et pourquoi on devait la ranger dans la catégorie du charlatanisme, là ?

Que cherchait-on dans un acte médical, n'était-ce pas qu'il amenât le soulagement au corps, ou la rémission d'une maladie ? N'était-ce pas ce que les croyants, chrétiens, musulmans, etc., allèrent chercher parfois très loin, faisant le bonheur des compagnies aériennes ? Ceux qui témoignèrent du charisme guérisseur des prêtres moines Padre Pio, l'Italien, et Chalbert, le Libanais, au XXe siècle, devraient-ils être aptes à l'enfermement psychiatrique ? Où était le charlatanisme quand un malade reconnaissait sa guérison grâce à l'action salutaire d'un herboriste, d'un féticheur ou d'un prieur ?

Mais la déception fut bien plus proche de l'affaissement : Ceux qui n'accordèrent aucune attention aux miracles de

Lourdes, par exemple, jouaient sur le tableau scientifique. Sur la très faible probabilité d'une guérison pour un nombre considérable de malades qui se rendaient malencontreusement dans ces lieux, où les gains touristiques financiers pour ces pays étaient les seuls faits palpables. Pour le reste, ils objectaient aisément que les performances de la science et la technique médicale ne sont pas le fait d'une démonstration complémentaire : quand il y a épidémie, nul besoin d'implorer la pitié des puissances extra physiques. Soit ! Mais quand bien même la foi pouvait préserver des maladies, la teneur du message ne sembla pas suffisante à contrarier les convictions bien établies de ces combattants pour la médecine scientifique.

Si c'est au volume traité que se décèle le caractère scientifique d'un acte pour la rémission et guérison d'une maladie, alors ces prêtres moines ne sont plus des charismatiques mystiques ; ils devenaient des simples acteurs de guérison scientifique. De même, les herboristes et les féticheurs africains ne pouvaient plus être dans l'antichambre de la médecine : ils n'étaient pas de vulgaires charlatans. Ils n'accordaient souvent que peu d'attention au volume traité. Ce sont les malades qui trouvaient la guérison, qui se transformaient, dans un acte de compassion pour leur voisinage, en agents tout désignés de marketing.

Mais le plus hilarant était ailleurs, dans le train de vie. Le constat comparatif qu'un féticheur herboriste ait soigné autant de malades dans sa carrière qu'un médecin, dévoilait une vie modeste pour le premier, tandis que le second menait une vie d'opulence. C'est peut-être cela qui faisait la scientificité du statut du second et le charlatanisme du statut du premier. C'est tout au moins un indicateur prometteur sur la lutte qu'exerça le médecin sur le féticheur herboriste.

Le mal était profond. Si profond qu'on éprouvât tant de mal pour le diagnostic d'abord, puis, le plus ardu, pour le remède ensuite. Le processus de dépersonnalisation déclenché était si puissant qu'il rendait très aléatoire le choix de la voie dans laquelle on pouvait s'engager pour tenter de comprendre. Parce que nous, descendants de colonisés, cherchions à comprendre pourquoi nous étions devenus un peuple dépouillé de valeurs humaines. Les chaines de la déportation, de la chasse à l'homme, de l'esclavagisme, ne sont-elles pas des occasions qui auraient eu comme conséquences ce que nous recherchions comme cause probable de notre auto-reniement ? Et, nos réactions, pour un réveil non programmé, pourraient-elles nous valoir les mérites d'un sursaut qui nous éviterait la déliquescence totale, quand bien même la fatalité se soit désormais incrustée en nous comme un trait de caractère social ?

Et, si le charlatanisme ne s'appliquait pas seulement au fait de la technicité, mais bien plus, concernerait tout autant le fait psychologique et communicationnel ? Dans ces conditions, le colonisé aurait affaire à une arme bien plus redoutable pour sa survie culturelle et peut-être bien tout simplement humaine.

La question qui ne cessait de tarauder l'esprit était pourtant là, mais présentait tant de mal à sa formulation. Que l'herboristerie ait une efficacité certaine, cela ne posait plus aucun doute. La pharmacie étrangère, avec ses ambitions civilisatrices, avait déjà présenté à suffisance l'apport de la nature dans la lutte pour une meilleure santé humaine. La méfiance à l'encontre de l'herboristerie portait alors sur l'utilisation du générique dans les soins. Parce qu'il manquait une certaine perspicacité aux techniques de diagnostic utilisées. C'est en réalité cela qui serait à l'origine du flottement apparent du traitement prescrit. Mais là encore, comment soutenir une telle idée devant les guérisons constatées ?

Il ne nous restait plus qu'à se tourner vers notre tendance à l'autodestruction, notre rejet de tout notre patrimoine, parce qu'il ne serait porteur que du néant. Un autre fait très marquant qui aurait pu justifier l'action de livrer la culture et des traditions locales à l'épée coloniale.

– XII-

En mil neuf cent quatre-vingts, nous allions à la découverte de la commune d'Owando qui était le chef-lieu de la région de la Cuvette. Cette région était la plus grande du pays. Sa dénomination remontait aux temps postcoloniaux, quand les géographes tombaient sous le charme de l'immense couverture forestière qui abritait de nombreux cours d'eau au débit important.

C'est ce nombre impressionnant de sources de grandes rivières qui inspirait le géographe dans sa dénomination.

Cette impression était partagée ; elle explique son acceptation par les colonisés scolarisés. Toutefois, en sondant le fond de l'activité politique, on pouvait s'apercevoir du bouillonnement qui animait cette action, qui consistait à se départir des émotions coloniales, parce qu'elles pouvaient être chargées d'une dose certaine d'effet de revendications. C'est donc la crainte de ces revendications qui serait à l'origine de cette acceptation. Car, la région portait aussi pendant cette période coloniale l'appellation région de l'Alima ; ce qui était plus opportun.

On y était arrivé par le ciel. Le petit avion de dix-huit places se posait, grâce à la dextérité du pilote, sur une piste en pleine forêt. On n'avait jamais vécu cela auparavant. Jusqu'à un point tel que, hors de l'avion, on cherchait le hangar faisant office d'aérogare. En tout et pour tout, on voyait des personnes sortir de la forêt. On se dirigeait vers ce point, croyant, toujours et encore, qu'il y avait nécessairement un abri servant d'aérogare.

Il n'y avait rien de tout cela. Un petit endroit avait été aménagé dans cette partie de la forêt équatoriale pour s'abriter du soleil. Heureusement pour notre naïveté, il ne plut pas ce jour-là.

On avait été reçu par le président du tribunal de grande Instance de la région. Un des très rares véhicules de l'administration était là, opportunément à chaque arrivée de l'avion. Il se faisait violence à prendre à son bord les arrivants et ceux qui étaient venus les accueillir. Nous vivions notre première expérience de l'exotisme.

Owando était un fort colonial, sur le bord de la rivière Kouyou. Sa première identité connue, fut justement « Fort Rousset ». Il fut débaptisé dans un mouvement général sur toute l'étendue du territoire, sur un sursaut sensiblement patriotique anticolonialiste, par des colonisés qui, par ce geste, voulurent se voiler la face, en face d'une réalité qui parut les persécuter. La revendication qui animait ce mouvement, s'était campée sur une supposition, en réalité.

Une supposition qui, s'affranchissant de toute contrainte historique, imposait la supputation que la colonisation avait tout bonnement substitué ses préférences sur ce qu'elle avait trouvé localement. Ce mouvement pouvait alors prétendre que toutes ces localités portant les noms des coloniaux, Fort-Rousset, Dolisie et tant de gares du chemin de fer, devaient recouvrer leurs prestigieux noms ante-coloniaux.

Curieusement, ce mouvement se gardait de toucher les deux grandes villes du pays, l'une, l'entrée par l'océan, l'autre, la sortie par le fleuve. N'était-ce pas là le résultat du bouillonnement au sein du colonisé ? Pourquoi la ville portant le nom du colonisateur et celle portant la marque de la colonisation, n'étaient-elles pas les premières sur la liste des cibles de ce mouvement ?

Vraisemblablement, parce que, en ces lieux où étaient érigées les premières cases coloniales, il n'y avait pas d'habitations ; pas de village qui aurait pu donner le nom à ce lieu.

Cette situation était à l'origine d'un certain nombre de quiproquos : des villages qui devaient leur existence à l'œuvre coloniale portaient aussi des noms locaux. À un point tel que pour le commun de tous, ces noms reflétaient une réalité ethnosociologique. Or, souvent, il n'en était rien. C'est, fort probablement, conscient de cette réalité, que les noms de Brazzaville et Pointe-Noire pouvaient apparaître comme le compromis le plus apaisant entre ce qui aurait pu être des revendications dévastatrices, ruinant la cohésion socio-ethnique et politique. Un exemple de plus dans l'escarcelle historique entre des peuples que le colon lui-même avait bonne conscience de qualifier de peuplades, tant les cultures avaient façonné des groupes aux apparences si distinctes.

Owando était le chef-lieu qui avait vu grandir le premier président militaire et marxiste-léniniste du pays. À l'époque, il pouvait aussi revendiquer le statut d'un des premiers centres de détention en sursis des premières victimes de l'initiation à la vie démocratique nationale.

À la suite du leader politique Matsoua, ses adeptes menaient des actions d'opposition aux directives étatiques. Ils refusaient tout enrôlement sur des listes électorales, rejetaient le système d'identification mis en place par la colonisation. Cela gênait considérablement l'action gouvernementale ; le gouvernement transitoire réagissait avec une certaine fermeté et condamnait à l'exil forcé à l'intérieur des frontières nationales ces individus dont la conscience politique paraissait finalement bien plus consistante que celle de ceux des scolarisés qui affichaient leur détermination à se valoriser comme colonisés.

On eut des échanges fructueux avec les originaires de la région.

Owando, le serein. Une sérénité qu'il tirait de l'exubérance de l'environnement avec une biodiversité que d'autres localités pouvaient lui envier. Un climat d'une douceur recherchée. La pluviométrie de la région favorisait une forêt luxuriante, ainsi qu'une faune qui semblait offrir de quoi éloigner le spectre de la malnutrition. C'est cet environnement qui avait forgé l'homme, le président militaire, N'Gouabi M. ; le marxisme-léninisme qu'il épousait, n'était en réalité que la conséquence normale des influences de cet environnement, tant il exhalait la simplicité, le patriotisme, l'abnégation et l'honnêteté intellectuelle. Mais, là aussi, notre préférence allait vers les pratiques de soins de santé.

On s'imaginait toutes les difficultés auxquelles on pouvait être confronté si loin de la ville capitale, le seul centre doté des infrastructures de santé viables. Mais, justement, se disait-on, c'est cette réalité qui devrait conduire à une prospection dans ce domaine.

Le président du tribunal, monsieur Moutéké R. nous conduisait auprès de l'inspecteur régional de l'enseignement. Ce haut fonctionnaire était originaire de la région. À son tour, il nous introduisait auprès d'un féticheur herboriste qu'il connaissait. Notre curiosité éveilla sur le champ l'intérêt chez l'inspecteur. Surpris un peu qu'il fut de voir qu'un non originaire de la région, ait fait tant de kilomètres, certes en avion, avec comme motivation d'apprendre, de s'informer sur les pratiques ancestrales de la médecine locale, ce qu'il ne lui était pas venu à l'esprit. Il jugeait alors opportun d'assister à l'entretien. Peut-être s'était-il aperçu que, de toute façon, on avait l'intention de le lui demander, parce qu'on tenait à ce que cet échange ait lieu dans la langue propre du féticheur herboriste ; une langue qu'on ne parlait pas. Nous posions nos questions en langue coloniale, la langue officielle, l'inspecteur jouait le traducteur.

Il hésitait. Puis, il se présentait. « Je suis Ondele. » « Je soigne les maladies de toute origine ; qu'elle ait trait à la sorcellerie ou tout simplement qu'elle soit naturelle ».

Son hésitation était due à un petit quiproquo. Il faut dire que la sensibilité du domaine a souvent placé sur le qui-vive, tout féticheur qui semble redouter un moment tragique pour lui, une occasion d'une subtilité malicieuse, pour se faire voler ses connaissances par l'enquêteur. Cela ne venait pas du risque de traduction. On l'avait déjà vécu avec les autres ci-haut cités.

Sa concession était peu encombrée ; il y avait la maison principale et la cuisine. Comme on n'était pas en consultation, il nous recevait sous l'ombre d'un oranger. En réalité, en guise d'échange, la présentation de l'objet de notre visite lui avait suffi pour qu'il s'élançât sans attendre.

L'occasion parut si belle pour ne pas la saisir. Pour en faire un genre de tribune pour émettre une appréciation sévère envers l'action politique postcoloniale qui, selon lui, avait emboité le pas à l'action coloniale, laquelle aspirait à la destruction des pratiques locales de guérison.

Une vue funeste. Elle ne pouvait comprendre qu'une partie au moins de ces pratiques avaient une efficacité sur la stabilité psychologique de l'individu. Mais, peut-être, trop stressée pour le comprendre.

– Notre médecine est efficace, soulignait-il. Elle vient à bout de n'importe quelle maladie. Puis s'ensuivait la litanie des prouesses accomplies qu'il assaisonnait d'un moment de lueur, très intrépide, mais qui avait tout son sens :

- « Alors comment pensez-vous que la population était toujours en augmentation, si notre herboristerie et toutes nos connaissances n'étaient pas efficaces ? » « Peut-on soutenir que les gens n'étaient pas malades ? Mais, c'est absurde de le penser. La maladie a toujours existé avec l'homme ; dans chaque groupe ethnique (se référant au mien), il y a toujours eu des gens qui avaient les connaissances sur les feuilles, les plantes, les écorces, les animaux, les insectes, les herbes, pour soigner. D'ailleurs, c'est comme ça aussi qu'on a découvert tout ce qu'on mange. »

Ce discours était si cohérent qu'il nous faisait perdre le fil de notre préoccupation. On voyait là, une forme de contestation de la suprématie coloniale. Ainsi, on ne se risquait plus à l'interrompre. Jusqu'à ce qu'il en vînt à évoquer son rapport avec son grand-père : Un homme du village d'Ikonongo. C'est de lui qu'il avait hérité ces compétences. Il lui avait confié que les connaissances de certains de ces éléments avaient été suggérées aux hommes par l'observation des animaux.

Il y avait donc la science des animaux. L'acharnement avec lequel on les traquait, ainsi que les oiseaux, ne pouvait laisser supposer un instant, l'existence d'un tel moment, qui supposait la volonté de comprendre. — Et dire que ces sociétés colonisées étaient censées n'avoir pas été des sociétés scientifiques, on mesurait mieux le travail de démolition structurelle entrepris par le colonialisme. - Mais, alors, comment expliquer que l'on se serve aussi des parties d'un animal pour soigner ?

Il montrait encore un peu d'agacement. Il enchaînait tout de même. Peut-être qu'il s'était aperçu que notre centre d'intérêt n'était qu'au niveau de l'information.

- « Il n'y a pas de hasard. On constatera que les animaux sur lesquels on prélève quelque chose, sont des animaux qui sont exceptionnels. C'est donc ce caractère exceptionnel qui est symbolisé.

- Il y a toute une initiation pour avoir la maîtrise de ce symbolisme. Cette maîtrise passe par la capacité de l'initié d'introduire le symbole dans la chose, l'animal ou l'homme que l'on traite.

– Introduire signifie que l'homme aura cette caractéristique de l'animal d'où vient le symbole. »

« Mais là, on n'est plus seulement dans l'herboristerie ; là, on rentre dans le domaine strict des fétiches. Par conséquent, on ne peut pas continuer sur ce terrain. Parce que je ne vous en dirais pas plus. Après tout, vous n'êtes pas venus pour être initiés ? »

On voulait quand même avant de le quitter savoir quel était le point de rupture entre les soins de l'herboristerie et les interventions des fétiches ?

- « C'est le type de maladie qui détermine le type de médecine ».

On prenait congé de cet homme. L'inspecteur nous raccompagnait jusqu'au logement des juges.

Le lendemain, on prenait contact avec un exilé matsouaniste. Pour une peine de prison, il avait fini par adopter la région comme son lieu de résidence. Tous avaient fini par renoncer à repartir dans leur région d'origine. Ils étaient établis là, dans une concession en marge des autres habitations.

Ils étaient spécialisés dans la confection des matelas, qu'ils bourraient avec du gazon. Ils étaient aussi couturiers et maraîchers. Des activités inconnues à l'époque dont ils ont été les initiateurs dans la bourgade.

C'était l'un des apports quasi révolutionnaires de la colonisation. Le colon avait introduit le gazon, pour combattre l'érosion ou plus prosaïquement, pour créer un environnement agréable. Se rendant compte de la demande en matelas, pour le colon lui-même, il initiait le colonisé à la couture. Ce métier prit ainsi corps rapidement dans la société ; il se mit à coudre des sacs aux dimensions d'un matelas, parfois en récupérant les emballages en tissu de la farine de blé. Le colon faisait tailler la pelouse. Ce foin était séché au soleil pendant plusieurs jours. Puis, on bourrait le sac confectionné à cet effet. Pour lui donner bonne allure, à l'image d'un fauteuil anglais, des gros boutons cousus maintenaient plat le sac qui devenait le matelas.

Un petit pas pour le colon ; un pas de géant pour le colonisé !

Voilà que des prisonniers politiques devinrent, contre toute attente, des agents de l'acculturation, alors même qu'ils eurent refusé d'obtempérer à une directive coloniale qu'ils jugèrent non conforme à leur culture.

On pouvait les excuser pour cette contradiction. L'exil les y avait forcés, car la contrainte de la survie les conduisait à exploiter les seuls atouts qui les avaient accompagnés dans cet exil : les métiers coloniaux qu'ils avaient appris.

L'austérité de leur mode de vie les avait dotés d'un moral à l'épreuve des faits. Pour se soigner, ils ne fréquentaient pas les féticheurs herboristes de la région. Leur moral d'acier semblait constituer le rempart contre la maladie. Mais, surtout, ils croyaient dans leur foi en ce leader politique disparu : Matsoua n'était pas mort pour eux ; tout au plus, il était devenu cet esprit fort qui pouvait les guider. Par des prières intenses, ils étaient en fait les premiers charismatiques qui revendiquaient, sans la moindre hésitation, les dons reçus de Matsoua pour leur groupe, pour ce qui concernait la santé.

Avec le temps, ils commençaient à avoir de l'ascendant sur toute la société, jusqu'à un point tel que les habitants d'Owando étaient devant le choix entre le féticheur herboriste et le Matsouaniste charismatique.

Le lendemain, on n'avait pas de programme particulier. Le président du tribunal nous conviait alors à assister aux audiences de justice. Il nous exhortait à y être, parce que selon lui, là aussi, il y avait un intérêt anthropo-ethnologique réel.

En sa compagnie, on s'y rendait. Compte tenu de l'inexistence des structures nécessaires à l'exercice de cette fonction régalienne, l'équipe de magistrats partait toujours de Brazzaville. Il n'y avait pas de logement pour eux, alors qu'ils avaient été affectés dans cette juridiction. Un greffier était sur place. Il recevait les plaintes. Lorsque le volume des plaintes était assez important, il communiquait avec Brazzaville pour informer le président de la masse des plaintes. Celui-ci décidait de la date de la session. Il en informait les deux autres magistrats.

- « La cour ! », annonçait le greffier. Tout le monde se levait. Le président ordonnait de s'asseoir. Bref, le rituel coutumier dans cette divine comédie qui n'avait rien de consistant dans la recherche de la vérité pour une justice juste, mais dont le côté folklorique semblait donner des couleurs à la salle.

Les dossiers étaient assez vite liquidés. Quelques peines prononcées, des magistrats qui ne se sentaient pas vraiment en sécurité, ce qui influait sur les jugements, lesquels avaient pris le parti de ménager la chèvre d'un côté et le chou de l'autre.

Arrivait le tour du dossier phare. Il portait sur une bagarre entre deux individus, à la rivière Kouyou. Une histoire de fous, pouvait-on dire ; une histoire a donné le vertige ; un récit qui soumettait l'entendement à l'épreuve : la logique n'y était pas.

Les deux protagonistes ne s'étaient jamais rencontrés avant ce moment-là. Ils étaient partis tous les deux du marché, curieusement chacun à son itinéraire et à son rythme. Le hasard, cependant, était avec eux : il avait voulu qu'ils se croisassent à la rivière. Chacun, dans sa pirogue, entreprenait la traversée. À l'accostage de l'autre côté, sans qu'il y ait eu quoi que ce soit, ni injures, ni dialogue, rien, ces deux piroguiers en venaient aux mains. L'un des deux, le plus âgé, était le plaignant. Il ne parlait qu'un français très approximatif. L'accusé, le plus jeune des deux, ne s'exprimait guère mieux dans la langue coloniale officielle.

Le juge demandait au greffier de jouer aussi le traducteur, parce que c'était mieux que les questions leur parviennent dans leur langue. Le juge insistait pour décrypter un fait plutôt insolite.

Rien à faire. Les deux protagonistes, comme dans une symphonie, jouaient à merveille leur partition.

Ils affirmaient la même chose. Alors le juge, presque désemparé, posait la question simple : « Dites à la cour, dans ces conditions, pourquoi vous vous êtes battus, alors que vous ne vous connaissez pas, que vous n'avez pas eu le moindre échange verbal, ni gestuel, qui aurait pu vexer l'autre ? »

La réponse toujours la même : « On ne sait pas ». Ce qui éveillait quelques soupçons de connivence entre le traducteur et les assignés en justice. Mais ce dernier rassurait la cour sur la pertinence de la traduction : les réponses à la question étaient bien celles-là. Que faire ?

Le magistrat procureur, en sa plaidoirie, suggérait une conduite qui ne devait laisser personne insatisfaite. Il était suivi par le réquisitoire prononçant la sentence :
- Pour manque de savoir-vivre dont le plus jeune s'est rendu coupable ; ayant vu que le plaignant pouvait, par l'âge qu'il reflétait, être son père, ce que les prononcés des âges respectifs par les justiciables eux-mêmes, soixante ans pour le plaignant et quarante ans pour l'accusé, laissait entrevoir ; que dans notre coutume congolaise, le plus jeune doit du respect au plus âgé, et cela, sans la moindre reconnaissance de circonstance établissant l'exception ;

- La cour, après en avoir référé aux différentes instances la constituant,
- Condamne aux dépens, l'un et autre ; cependant, au bénéfice de l'élément culturel évoqué, incite le plaignant à mieux se comporter dans la vie, même envers les plus jeunes ; condamne à six mois de prison avec sursis l'accusé pour incivisme.

La cour est levée.

En d'autres termes, en dehors du tribunal, le juge avouait que c'était le jeune qui paraissait avoir raison. Que, il s'agissait en fait d'un cas de sorcellerie, qu'ils ne pouvaient avouer devant la cour ; mais que dans la préparation de la session, le greffier qui avait entendu les deux parties, s'était bien fait dire et décrire cette séquence.

C'était vrai qu'ils ne se connaissaient pas. Mais au marché, ils avaient déjà eu des échanges gestuels pas très conciliants. Ce qui les avait conduits à s'éloigner pour régler le présupposé différend.

Pendant la traversée, le plaignant avait voulu attaquer par la sorcellerie l'accusé, qui était aussi dans le même registre. Le plaignant l'avait donc sous-estimé. Pour lui prouver, à lui le plaignant, que lui aussi avait les mêmes pouvoirs, il décidait de le corriger physiquement. Une bonne leçon qui valait leçon de savoir-vivre dans ce monde-là. Voilà.

L'accusé avait accepté sa peine parce qu'il avait eu les assurances de la cour par le greffier, qu'il ne purgerait pas la peine qui ne serait d'ailleurs pas mentionnée dans un casier judiciaire.

Voilà, ce qui est de superposer des valeurs culturelles sur d'autres. Les valeurs coloniales affichaient la prétention d'un universalisme coercitif. Régulièrement, elles croisaient le fer avec les valeurs locales dans un combat qui n'avait rien d'un simple jeu de positionnement. Bien plus. On assistait dans les faits à la continuation de la lutte de libération. La violence était atténuée par le déplacement du point de l'enjeu ; ce que le colonisé lui-même ne perçut pas de toute évidence. Encore une fois, on se faisait harakiri sans s'en douter un seul instant.

– XIII –

Au mois de février 2015, on décidait d'aller visiter la ville de Ouesso dans l'extrême nord du Congo. Le langage commun dans ce pays a consacré comme utile l'absolue nécessité d'apporter la précision dans le repérage géographique.

L'ethnicité avait su se faufiler dans le peu d'espace qui paraissait encore libre dans la tête des individus. Ainsi, ces points cardinaux avaient été submergés par ce qu'il est convenu de qualifier d'action politique. Comme cette supposée action était ethnicisée, les points cardinaux réverbéraient une culture donnée. Voilà comment les points cardinaux, mis en place par la science, pour des besoins noblement scientifiques, étaient devenus des repères de désorientation ; car leur principe avait pour axe l'émotion. Elle prenait une bonne position dans la liturgie de l'espoir de l'enrichissement.

Cela ne nous impressionnait pas. Ce voyage s'inscrivait avec la même ténacité dans le même objectif : faire l'évaluation du potentiel des pratiques de santé dans la culture locale. Et Ouesso s'imposait comme le chaînon manquant dans cette perspective.

On invitait un ami venu passer des vacances dans ce pays à cette expédition. Zika J. R. venu de l'étranger où il résidait à cette époque.

Sa compagnie nous était agréable ; il avait vécu plusieurs expériences ethnologiques et anthropologiques qu'il savait nous restituer.

On s'en délectait. Des histoires qui devraient nous tenir éveillés dans cette expédition ; des histoires sur les zones de convergence des civilisations, asiatique, africaine, européenne, chrétienne, musulmane et bouddhiste. Il avait vécu tout cela.

Une expédition qui n'avait pas la teneur de celle que nous restitue l'histoire. Mais, une expédition quand même, tant nous allions à la découverte d'un environnement géographique tout au moins que nous ignorions.

Ainsi, nous partions donc, à deux, dans un véhicule qui ne semblait poser aucun problème pour cette tournée. Nous n'étions cependant pas assez autonomes pour ce voyage. Par précaution quant au contact attendu avec l'habitant, la présence d'une troisième personne s'imposait. Mandzila S. était là en prévision de mauvaises passes, une crevaison ou autres. En réalité, nous étions deux bons colonisés dans le mental, qui n'échangeons presque exclusivement que dans la langue dite officielle, le français. Mandzila servirait peut-être aussi d'interprète, car il était polyglotte : le lari, le lingala, le téké et le français pour lequel il se débrouillait plutôt bien. Cela pouvait nous être bien utile, exclusivement dans les transactions.

Nous avions réalisé plusieurs arrêts, au cours desquels on s'approvisionnait en vivres, ou tout simplement, on allait à la découverte des grands centres démographiques que nous traversions. Tour à tour, la commune d'Ignié, puis le village de Ngo, la commune de Gamboma, et le centre d'Ollombo, où la présence d'une station-Service nous suggérait de refaire le plein de carburant. On repartait pour Oyo la coquette, que nous décidions de mieux découvrir.

En Afrique noire, la politisation avait aussi des effets sur le développement des pôles dont étaient issus les acteurs politiques. Il ne s'agit pas de la politique d'aménagement du territoire. Dans la pratique, les populations jugeaient avec une certaine sévérité le mandat d'un homme politique sur l'apparence de sa demeure et de son village. Les plus hautes autorités d'un pays devaient mériter leur prestige au travers de la prestance de leur village.

On avait déjà eu cet aperçu dans les années mille neuf cent quatre-vingt, au Togo, en Côte d'Ivoire, en Centrafrique, au Zaïre, aujourd'hui RDC, etc. Cet aspect de l'action politique en Afrique noire était quelquefois décrié par quelques observateurs, souvent étrangers à la culture des peuples de ces pays. Ils ne pouvaient pas comprendre que sur les acteurs politiques, s'exerçait une pression sociale contre laquelle il ne faisait pas bon de lutter. Ainsi Oyo n'allait pas déroger à cette maxime sociale.

Nous quittions cette commune pour la commune d'Owando. Le soleil était déclinant. La visite de cette commune était remise au lendemain, sur notre trajet retour vers Brazzaville. Nous poursuivions notre route pour arriver à Makoua. On s'empressait de tourner autour de l'unique attraction de la commune : la stèle de l'équateur. Puis, on repartait pour la ville de Ouesso.

La nuit était tombante. Quatre-vingts kilomètres plus loin, en pleine forêt, le véhicule nous lâchait. Toutes les tentatives de redémarrer le moteur s'avéraient infructueuses. Par bonheur, alors qu'on venait de traverser cette zone sans âme qui vive, voilà que la lumière d'un feu de bois nous surprenait. On poussait le véhicule hors de la route pour le sécuriser. Puis, la compassion humaine faisait le reste. Le chef du village avait suivi la scène. Il nous envoyait une personne s'enquérir de la situation. Il nous invitait à prendre place dans leur case servant d'espace de vie commun. Nous y passions la nuit.

Le sommeil avait été léger. Les jeunes du village nous avaient suffisamment briefés sur les éléphants, que toute la nuit, on avait désespéré de ne pas les voir déambuler. C'est à l'aube, flânant le long de la route, qu'on apercevait les déjections encore fraîches, signe du mouvement de passage de ces géants.

Dommage ! On aurait pu se contenter de ce spectacle. Qu'à cela ne tienne ! Le jour s'étant bien levé, on pouvait s'extasier devant la si grande variété d'espèces d'oiseaux, toutes tailles confondues, et de toutes couleurs parés, dont les chants étouffaient la voix humaine. Une espèce était très active dans le pillage des nids des tisserins. Elle savait s'y prendre, en dépit de l'emplacement de ces nids.

On apprenait à cette occasion que ces géants étaient protégés : ne touchez pas à nos éléphants !

Cela n'était pas exceptionnel, disions-nous : on connaissait tous la fameuse loi instituant la période de l'activité de chasse. Mais, ce n'était guère cela. Il existait donc une autre loi qui était spécialement réservée à cette partie du pays. Un alinéa que le ministère des Eaux et Forêts n'avait jamais déclaré s'appliquer sur toute l'étendue du territoire avec la même rigueur. Ce qui poussait les individus de cette famille à émettre un commentaire sur cette situation. Ils établissaient un lien entre l'appartenance géo-ethnique du ministre et cette volonté de sévérité de la réglementation sur la préservation de ce patrimoine.

Cette politisation, plutôt « ethnisation », de la géographie était un vrai fléau, une gangrène. On ne pouvait plus y échapper. Les acteurs politiques y étaient les plus exposés. On scrutait le moindre de leurs gestes. Aucune de leurs décisions n'échappait à la loupe politisée.

Cette famille, cependant, avait pris bonne conscience de l'atout que représentait cette forêt et tout son écosystème pour l'avenir de la région. À un point tel qu'il était interdit de cueillir dans la forêt les feuilles qui constituaient une partie de l'alimentation de ces pachydermes ; une variété de feuille qu'ils partageaient avec les humains : le Gnetum ou Mfumbua, très consommée dans ce pays.

C'était un peu surprenant d'entendre ces personnes vivant en forêt, réciter des versets du catalogue du bon défenseur des droits des animaux à mener une existence paisible. De mémoire de congolais, jamais un gouvernement n'avait émis des directives d'une telle intensité en faveur des animaux. Ils répétaient, par exemple, que l'interdiction de cueillir du Gnetum destiné à la vente, était la bonne politique de préservation de ce patrimoine. Une forte amende pesait sur tout contrevenant ; ce qui en faisait une mesure dissuasive. Ceci justifiait le désintérêt de la cueillette chez ces jeunes qui vivotaient dans ce village perdu. Car, le Gnetum était une des sources de revenu en milieu rural. Mais, l'homme ne devait pas être en concurrence avec l'animal sur cet aliment. Une concurrence qui ne devait pas être en défaveur de l'animal.

On y voyait un aspect salutaire : cette mesure gouvernementale devrait inciter à se départir de la cueillette pour développer une production locale, se lancer dans le maraîchage par exemple. Cela était une autre paire de manches.

L'incident de notre automobile nous avait permis d'avoir des informations sur une situation nationale que nous ignorions. Nos regrets pour n'être pas arrivé à bon port, trouvaient compensation. Nous étions un peu moins déçus.

– XIV –

Voilà qu'on en arrivait à science et santé. Dans tous ces déchirements, pouvait-on espérer trouver un havre de paix, à l'ombre duquel on se sentirait à même de questionner ce passé si irrésistiblement présent ?

La question pouvait être celle de savoir si la tradi-thérapie n'avait de l'effet que dans un environnement culturel déterminé ? C'était ce qu'assénaient ses détracteurs, d'une manière directe et visible ou par l'adoption d'un comportement de neutralisme curieux à son égard. De l'ignorance qui ne s'en cachait pas, bien au contraire, qui n'hésitait pas à applaudir ceux qui montaient au créneau pour fustiger ces pratiques qu'ils considéraient comme déloyales à l'égard de leur notoriété.

Arrivé d'Europe à la fin de sa formation de médecin spécialiste en gastro-entérologie, cet homme croisait une vieille connaissance au hasard d'une promenade. Celle-ci constatait que son collègue de classe de jadis avait dans sa main une Ventoline.

— Ah ! Tu es asthmatique ?

— Oui ! ne t'en souviens-tu pas ? Je suis asthmatique depuis qu'on était en classe au secondaire.

— Ok ! C'est un petit problème ! Je vais te trouver de quoi te soigner. Tu n'auras plus besoin de ce produit, de cette Ventoline.

Le gastroentérologue, au fond de lui, trouvait prétentieux cet ancien collègue de classe qui ignorait tout de sa qualité. Parfois, il valait mieux se taire. L'échange d'adresse, pour que s'accomplisse le défi, était exécuté malgré tout.

Moins d'une semaine après, l'ancien collègue de classe se pointait au domicile de son collègue médecin spécialiste. C'était à ce moment-là que cette qualité allait lui être révélée. Il ne s'en émut pas. C'était presque le contraire. En remettant le petit flacon de 200 ml, flacon usagé réutilisé par la tradi-thérapie, il livrait le mode d'emploi, en ajoutant la phrase rituelle : « Tu verras ! Tu seras guéri ! »

Le gastroentérologue jouait le jeu. Il s'appliquait au respect de la posologie. Puis, comme une vague impression, il remarquait une plus grande amplitude entre ces crises d'asthme. Jusqu'au constat qu'il n'avait plus eu besoin de la Ventoline pendant presque deux ans.

C'était bien un bon record qui aurait pu valoir plus d'attention, même si l'asthme réapparaissait petit à petit. L'échange d'adresse avait été à sens unique. L'ancien collègue de classe, sûr de l'efficacité de son produit, n'avait pas jugé utile le suivi du malade. Voilà que le mirage de la rencontre s'était évanoui. Et, avec lui, toute autre possibilité pour se fournir en cette décoction qui, financièrement, était rentable, et sanitairement, permettait une certaine aisance de vie en supprimant pour un temps la contrainte d'un médicament à avoir sur soi.

L'attitude de dédain envers la pharmacopée locale et surtout envers la tradi-thérapie était coutumière de la formation de médecin. Parfois, l'impression que, pour la prétendue science de la santé, les cas de décès n'étaient que des faits utiles pour le progrès de la science, était forte. Mais, même ainsi, ce progrès se situait essentiellement au niveau biologique. Et, aussi au niveau métaphysique. Massamba ma Lubanda, qui était aussi herboriste tradi-thérapeute, comme les féticheurs herboristes Makaya-ma-Sangi et Mvouama, nous proposa l'initiation à la thérapie de la schizophrénie, vulgairement la folie. On déclinait la proposition. Cependant, dans cette pathologie plus exactement, les résultats étaient bien visibles. La thérapie fut sans effet secondaire et avec une stabilité du comportement retrouvée.

Un individu qui aurait pu, par ailleurs, faire l'objet d'une enquête plus scientifique — s'il ne jouit pas d'une réputation sulfureuse pour le malheur de toute une région de peuplement – avait, de première notoriété, une thérapie contre la schizophrénie. M. Bitsangou alias Ntumi, un charismatique, avait le don de soigner la schizophrénie. On vint même de très loin avec l'assurance de trouver guérison après un séjour dans sa concession.

Pour une rédemption, le vieux Mouanga qui échappa de justesse à l'ordalie du Nkasa, était diabétique. Pour cette maladie, il s'en remettait totalement aux prescriptions du médecin de l'hôpital général. Son neveu habitant l'autre grande ville portuaire du pays, Pointe-Noire, lui proposait un séjour dans cette ville. Il y rencontrait un ami du neveu venu rendre visite à la famille. Informé de la santé du vieux Mouanga, cet ami le rassurait :

– J'ai de quoi te soigner, et avec un peu de chance, te guérir.

Un peu circonspect, Mouanga acquiesçait tout de même. Les éléments composant le traitement rassemblés, l'ami de la famille offrait sur-le-champ au patient de s'initier à la thérapie. Ainsi, tu pourras te soigner au cas où ton cas s'avérerait quelque peu réfractaire.

Il avait déjà deux mois de traitement derrière lui, lorsqu'il repartit au contrôle à l'hôpital général. Le médecin était étonné de la rémission de la maladie. Il voulut en savoir un peu plus. Mouanga, son patient, lui décrivait son séjour à Pointe-Noire et sa rencontre avec son bienfaiteur. Alors, le médecin, très heureux d'un tel résultat, prenait l'engagement de réorienter les malades qui l'accepteraient vers lui. Il recommandait ces patients pour cette pathologie à son ancien patient Mouanga, lequel soigna et guérit tous ceux qui étaient venus le consulter.

Lui-même, Mouanga, décidait de mettre à l'épreuve l'efficacité de son traitement. Pour une preuve, il consommait le jus de fruits de la brasserie, fortement défendue, tant c'était juste du sucre à peine dilué. Fort de cette assurance, l'ancien diabétique Mouanga initiait tous ces enfants. Frères et sœurs s'étaient faits une réputation de bon aloi sur cette pathologie. Ils avaient guéri tant de personnes, avec une potion à base du Gnetum, de l'oignon rouge, de l'écorce d'avocatier, du jaune d'œuf, le tout pour moins de dix-mille francs CFA, ce prix y compris l'achat d'une casserole neuve fortement recommandée pour préparer la potion. La modique somme de mille cinq cents francs CFA s'ajoutait comme honoraire de ce traitement. Pas un sou de plus, pas un sou de moins.

L'électrocardiogramme général qui nous avait conduit auprès de Samuel, quelques années après, révélait un problème réel. On était alors pris en charge par la médecine. L'insuffisance cardiaque était plus que présente. L'insuffisance rénale était en embuscade. Des traitements plus denses nous étaient soumis. Au fur et à mesure, ils demandaient à être renforcés. On s'y abandonnait.

Le spectre du traitement à vie hantait notre esprit. Il était bien là. C'est alors que l'on prenait notre courage à revisiter ce passé jalonné de tant d'expériences vécues avec l'herboristerie. Surtout fort de l'expérience très prometteuse avec la tension artérielle qui, chez nous, pouvait aller de huit à dix-neuf. On nous montrait une plante, peu sauvage, plutôt du jardin, nommé cerisier, dont les feuilles en décoction avaient un effet stabilisateur quasi instantané. Après essai, le résultat était très concluant.

Voilà une plante, au fruit pas plus gros qu'une framboise, d'un rouge remarquable, qui a la particularité de traiter l'hypertension comme l'hypotension. Un jour, s'étant retrouvé devant cette plante qui venait de bourgeonner, avec beaucoup de feuilles bien fraîches, on eut l'idée de les consommer directement. On les cueillait au fur et à mesure qu'on les mangeait. On constatait que l'effet était plus immédiat et plus pérenne.

Malgré tout, dans notre traitement composé de plusieurs produits, certains calibrés à partir de 2.5 mg et plus, d'autres à partir de 1,25 mg et plus, on était déjà à 5mg et 2,5 mg.

C'est alors que l'on faisait connaissance avec une personne dans la cinquantaine, un herboriste, monsieur Longui S. Nous lui confions notre préoccupation. Avec un léger sourire, il nous répondait qu'il allait tenter de nous soigner.
– Tenter seulement et pourquoi pas nous soigner.
Il rectifiait sa phrase, nous promettant de nous guérir. Il nous donnait un traitement exclusivement composé de plantes réduites en poudre, dans un récipient de 300 ml environ.
Vu la nature de la pathologie et l'inconsistance du réseau hospitalier du pays, la méfiance en nous était plus forte que notre esprit d'aventure. On lui disait qu'on n'était pas prêt à suspendre le traitement en cours avec les produits pharmaceutiques.
Il le regrettait. Il acceptait l'affront, dans son esprit d'humilité que lui dictait sa foi : il nous apprenait qu'il était

pasteur d'une église chrétienne évangélique. Était-ce là un cas du charismatisme ?

-Non, répondait-il. Je suis herboriste bien avant de devenir pasteur. J'ai été initié à l'herboristerie par mon père qui lui avait été initié par son père qui était féticheur.

- Alors, tu es peut-être aussi féticheur ?

- Non, mon père non plus.

Après son traitement, notre état s'était bien amélioré. On était moins essoufflé lors d'un effort physique. L'occasion d'un test grandeur nature se présentait : une balade dans les Alpes françaises sur plus de trois kilomètres avec un dénivelé de plus de dix degrés en pleine montagne de la Chartreuse jusqu'à une altitude de plus de mille cinq cents mètres.

Puis arrivait le rendez-vous chez le médecin cardiologue. Au sortir de son cabinet, après une trentaine de minutes et les analyses de laboratoire à l'appui, un médicament était supprimé ; deux médicaments à 2,5mg étaient ramenés à 1,25 mg, etc.

Ce cardiologue était surpris de cette rémission quasi impossible dans ce type de pathologie. Mais, cela s'arrêtait là. Il ne nous donnait pas l'impression d'une volonté de pousser un peu plus loin ses investigations ; on n'osa pas lui révéler que cette rémission était le fruit d'une association de traitement. Qu'en dehors de ses prescriptions, il y avait eu l'intervention d'un herboriste africain. Il n'aurait pas pu le comprendre et l'encaisser. Nous craignions qu'il le prenne mal. On en gardait le secret.

Après tout, il s'agissait de notre santé et non de celle d'un autre.

L'herboriste Longui était fonctionnaire à la préfecture du département de Brazzaville. Il savait lire. Il s'intéressait aux vertus des plantes. Il savait décrire une maladie. Les prescriptions étaient donc bien moins aventureuses que ce qu'on redoutait chez le féticheur sans éducation scolaire de l'école coloniale. Il était donc la preuve de l'espoir nourri par les anciens dans l'école, comme la bonne opportunité pour pérenniser leur savoir en herboristerie ; ainsi qu'on allait le vivre avec un enseignant, Mabanza J.

Il était féticheur et herboriste. Son statut de scolarisé le poussait au syncrétisme. Il sortait des limites sacrées du fétichisme pour des initiations exotiques qu'il pensait à même de renforcer ses capacités. Mais, le plus intéressant était à venir : Mabanza poussait sa curiosité à la limite de la connaissance des propriétés des herbes, feuilles, écorces et racines qu'il utilisait pour apporter la santé aux gens. Pour y arriver, il s'entichait les compétences d'un botaniste-agronome biologiste, professeur à l'université de la ville. Celui-ci acceptait de se lancer dans cette aventure avec un homme censé réputer mystique. Ainsi, les potions de Mabanza étaient suffisamment efficaces. Accouplées à ses autres capacités de voyance plus précisément, il pouvait faire le pari de guérir toutes sortes de maladies.

C'est l'occasion d'une petite aventure par rapport aux facultés de voyance. Cet aspect des fétiches est celui qui rebutait le plus le colonisé. C'est celui que l'élite redoutait, qu'elle considérait comme l'un des freins au progrès général social. Et, pourtant !

Au détour d'une balade dans la ville, on croisait Mabanza. Comme à chacune de nos rencontres, il semblait heureux. En bon féticheur, il ne savait déroger à la réputation de bavard. Il nous haranguait presque, nous reprochant de ne nous être pas laissé tenter par l'initiation. Puis, subitement, il était devenu un peu absent. Il s'était tu, avec l'air de suivre quelque chose d'autre qu'on ne voyait pas. Il reprenait la parole pour dire :

— « Ah ! On me dit que tu es malade ici », montrant son cœur. Puis, il reprenait ses bavardages tous azimuts.

On l'interrompait. On lui répondait que c'était vrai. On avait bel et bien un problème cardiaque. On enchaînait en lui demandant de demander à ce « on » le traitement. Un petit temps d'évasion mystique spirituelle encore, l'ordonnance arrivait :

— « Mange le cola ».

— C'est tout ?, demandait-on un peu surpris.

— C'est tout ce qu'ils m'ont dit.

D'accord !

Aussitôt après, la suite de la conversation – à sens unique – prenait la tournure d'une leçon. Il regrettait que nos médecins ne se forment pas à la voyance, ce qui les aurait bien aidés, contrairement à ce qu'ils pensaient.

L'au-delà existe, il ne faut pas en douter. D'y mettre sa foi, pouvait être aussi une forme de raccourci pour accéder à certaines connaissances. Par exemple, ce qui venait de se produire. Avoir vu une maladie alors qu'aucun signe extérieur ne le laissait supposer. Quand on a été scolarisé, l'initiation à la voyance ne pouvait plus être un frein. Au contraire, elle peut être un facteur d'émancipation. Les Africains scolarisés se sont pourtant laissé captiver par l'ésotérisme venu de l'étranger, la franc-maçonnerie, la rose-croix, et d'autres. Or, tout cela n'a pu bénéficier d'une telle aura que par la grâce du caractère intellectuel qui les enveloppa. Ainsi, si les intellectuels africains revenaient à leur mysticisme, ils donneraient cette aura qui ferait de cette représentation, un système bien positiviste.

Syndrome du colonisé.

Pourtant, ce que cette élite repoussait au grand jour, elle y recourait nuitamment : des histoires d'une exubérance mortifère circulaient dans la société. L'intellectuel devenait un danger pour son environnement sociétal. La franc-maçonnerie était stigmatisée comme étant devenue dévoreuse d'âmes. La sorcellerie, qui a toujours eu besoin du sang humain, y avait pris place prépondérante. Ainsi, dans les familles, on se méfiait du cadre civil, militaire et surtout politique.

La notoriété, Mabanza l'eut. Une notoriété qui débordait les limites du pays. Elle le fit voyager loin de son pays pour apporter le salut de l'âme aux hommes politiques en mal de sécurité pour leur pouvoir.

Son parcours dans ce monde n'était pas très atypique. À quinze ans environ, élève au collège à Kinkala, loin de son père, il souffrit d'un terrible mal. Il en souffrait de ne plus pouvoir poursuivre sa scolarité. Un supplice imposé par un ventre ballonné plus que de raison. Son tuteur, un cousin, le conduisait à l'hôpital. Un traitement lui était administré, sans grand effet cependant. Comme le bon sens sociétal le recommandait, il s'en remettait à l'habileté d'une féticheuse qui diagnostiquait le mal et appliquait la thérapie. Deux jours après, il commençait à en sentir les bons effets. Son ventre reprenait allure normale. Quel était le diagnostic ?

La féticheuse avait repéré un cas de sorcellerie, dont l'acteur principal était le père lui-même en personne. Mabanza en avait été bien marqué. Cette situation, un peu cocasse pour lui, ne pouvait pas s'envisager. En tant qu'enfant, il ne pouvait concevoir qu'un père ait un tel projet sur sa progéniture. Plusieurs séances de désenvoutement l'extirpaient des griffes de cet esprit malveillant de son père, mais également le protégeait de quiconque d'autre aurait pu formuler un projet aussi macabre sur sa personne.

Une bonne affaire pour la féticheuse.

Elle avait perçu en lui un élément positif qui méritait d'être exploité pour une initiation. En clair, la féticheuse saisissait cette occasion — une opportunité – pour avoir son initié.

Elle l'initiait. Puis, son grand-père ayant appris cette histoire, le faisait venir auprès de lui. Il était aussi féticheur renommé. Il l'initiait pour qu'il ne soit plus attaqué, mais qu'il soit capable de voir d'où viendrait l'attaque et comment contrattaquer. Voilà qu'enfin libérer du maléfique esprit et étant lui-même désormais féticheur, il allait renouer avec l'école. Il passait le concours d'entrée à l'école de formation des instituteurs de Mbounda. Il y était admis. Deux années après, il pouvait voir entrer à cette même école un jeune qui deviendrait président de la République plus tard.

Mabanza se considérait être un féticheur au-dessus du lot, grâce à l'action conjuguée de ces deux statuts, l'enseignant et le féticheur. Cette symbiose réussie lui faisait dire que cela pouvait se réaliser avec une certaine aisance ; on devrait pouvoir entreprendre la formation de médecin et l'initiation au fétiche.

Pourquoi y aurait-il antinomie ? Au contraire. La société aurait tout à gagner dans ce cas de figure. Il y aurait moins de tâtonnements dans les traitements médicaux. Car, des ordonnances souvent coûteuses étaient aussi la cause de la forte mortalité, les revenus des ménages n'étant pas à même de pouvoir les honorer.

Mabanza soignait gratuitement. Pourtant, il semblait jouir d'un niveau de vie bien au-dessus de celui d'un cadre supérieur de l'administration. Il nous confiait que c'était la rançon de la reconnaissance.

Tout cet exposé avait comme but de nous convaincre de lui trouver des personnes intéressées par l'initiation à l'herboristerie et la voyance ; mais ce discours nous était tout autant adressé : il souhaitait simplement qu'on s'y intéresse. Avait-il vu dans nos prédispositions ? Encore une fois, voilà une demande à peine voilée à notre endroit, comme avec Makaya ma Sangui.

Il y avait de quoi être tenté pour nourrir ne serait-ce que la curiosité. Il avait une méthodologie bien différente et suffisamment inspirée par la pratique de la science.

Dans les faits, l'initiation à l'herboristerie et à la pratique des fétiches commençait par une première étape où le candidat à l'initiation passait par la phase du garçon qui accompagnait le maître partout où sa présence était demandée. C'était le garçon à tout faire. Plusieurs années passaient avant que le maître ne se décide à livrer les codes de l'initiation à proprement parler.

Avec maître Mabanza, les choses semblaient différentes. Il s'agissait d'une formation au sens courant, avec usage d'un tableau, et une méthode pédagogique rodée (description, explication).

Cela présentait un côté moins rebutant. Il prétendait avoir eu des candidats. Dans ce pays où une partie de la jeunesse était à la recherche de l'extraordinaire pour épater, s'enrichir, c'était un peu étonnant qu'il n'y ait pas eu bousculade à l'entrée. On lui opposait l'argument de l'âge.

L'initiation était plus réussie quand l'initié était dans la fleur de l'âge où, à l'instar de la vie d'un enfant, le conscient et le subconscient marchent de pair pour emmagasiner. La conscience des choses chez l'adulte l'empêche de tout accepté sans poser quelques réticences. Or l'initiation dans ce domaine joue sur la foi aveugle, sur la totale dévotion à l'endroit du maître.

On n'était pas prêt à cela. On avait dépassé le cap de la soumission aveugle, et toutes ces expériences accumulées tendaient à faire de nous des personnes plus tournées vers la contestation. On n'y voyait donc aucun intérêt. Mabanza en était très déçu. Nous ne pouvions lui offrir que cette déception.

***

Il arrivait que certains médecins franchissent le mur de la science pour suggérer à certains patients l'exploration de la voie de la tradition. Cela s'arrêtait là. Généralement, ce conseil était suivi sans hésitation. La raison en était que les dispositions psychologiques poussaient vers ce schéma. Et, d'entendre le médecin suggérer cette démarche, était très réconfortant. Certains de ces malades, après guérison et par reconnaissance, revenaient vers eux pour un remerciement pour la réorientation salutaire ; le médecin, les mains dans les poches de sa blouse blanche, affichait sa satisfaction par un sourire dont la lecture fut si scabreuse.

***

L'intellectuel ne dédaignait pas de porter le coup de grâce sur sa société. Il affectionnait se parer de ses diplômes pour le diplôme, passionné des babioles qui pouvaient aider dans le dandysme, revendiquant la primeur dans les salons de coiffure, de la bière et de la sape, mais dans l'incapacité apparente de capter le message du progrès au niveau planétaire. Usant de quelques subterfuges, il allait mettre son prétendu savoir accumulé à injecter ce poison de la décomposition pour tuer la société. Une stratégie qu'il pensait la plus apte à dissimuler cette incapacité qui le rongeait : un diplômé improductif pour sa société, reniant sa culture avec ses pratiques, embrassant pourtant sans retenu l'acculturation.

Ce poison s'appela *Tata nzo*. Ce discours amuseur était pourtant cette arme insidieuse qui allait digérer de l'intérieur la structure mentale de la société. Ce qui signifie qu'on eut tort de n'y voir que l'occasion d'un moment de rupture avec la monotonie sociale. Car, accouplée à l'attrait de l'argent, l'organisation sociale pouvait rompre. Et elle cédait sous les coups de boutoir de ce discours entretenu par l'argent et par les nouvelles formes de prédications. Voilà comment la bibliothèque de l'herboristerie se retrouvait sans fréquentation.

C'était à n'y rien comprendre. Mais, qu'y avait-il à comprendre ? Rien, peut-être. C'était à se demander si le colonial qui trouvait l'Afrique noire ambiguë, n'était pas sous extase, captant une prémonition.

Parfois, on en venait à se poser la question si l'ambiguïté pouvait engendrer le progrès. Ne serait-ce que parce qu'elle peut favoriser l'éclosion de la capacité à se remettre en cause. Sans cependant foncer tête baissée dans des projections sublimatoires.

Il ne fallait pas, non plus, prêter comme intention à tout ceci, la recherche de cet algorithme qui pouvait aider l'Afrique noire à retrouver ses esprits éclatés, pour une reconquête de son espace émotionnel. Mais, si cela devait être le cas, on en serait que très heureux.

Dans le cadre du combat contre l'obscurantisme qui se nourrit de l'ignorance, que dire ? Il y avait indubitablement à dire. La surprise était que ce qu'il y avait à dire, n'épousât pas le sens commun, celui qui voyait l'obscurantisme et l'ignorance du côté de ces pratiques ancestrales de santé. Pouvait-on prendre le temps d'une pause dans la stigmatisation et se contempler dans le miroir de son vécu ? Ne craignit-on pas de se découvrir dans l'ignorance qui nourrissait le combat sans objet contre l'obscurantisme du trop-perçu ? Alors, la problématique de l'ignorance poserait peut-être d'autres hypothèses. On se gardait de prédire la suite, parce qu'on en était incapable.

Disons que l'ignorance n'avait rien à voir avec la scolarité coloniale. Ce que la sagesse savait rendre sous la forme de la dichotomie physiologique : il y a l'intelligence qui permet de réussir à l'école coloniale, différente de l'intelligence qui permet de réussir dans la vie.

Remerciements

Nous ne saurions clore cette autopsie sans nous tourner vers ceux qui ont nourri notre espoir. Notre reconnaissance à tous ceux qui, de près ou de loin, nous ont permis d'alimenter ce document. Leurs noms sont mentionnés. Ils sont cités en rapport étroit avec la thématique principale de cet ouvrage ethno-logique axé cependant sur des aspects des pratiques sociales dans le Congo colonial et post-colonial ; des pratiques lourdement conditionnées par la santé. Ainsi, ceux qui étaient dans ce corps de métier sont les premières cités, puis viennent après ceux qui nous avaient accompagnés dans cet épisode de notre quête de sens.

Il s'agit de : M'Poudi alias Makaya ma Sangui, Mvouama, Bikoueri Joséphine, Mapata, Samuel (connu plutôt par son prénom), Babela Daniel, Longui Salomon, Ondele ; Mabanza Jacques. Massamba ma Lubanda, Mouanga Toumou, Maléka Vouvoungui Angèle, Tafaro Anne-Marie (médecin), Loumouamou Dieudonné (médecin), Lacroix Monique, Blaise Françoise, Ondongo François, Loumouamou Côme, Nsoki Victor, Malonga Benoît, Loukalou M. Antoine, Mandzila Servais, Ndoto Albert, Dzaka dia Kikouta, Boudzoumou Nganga Pierre, et bien d'autres qui nous ont inconsciemment inspiré.

Mpoudi Makaya ma Sangi nous montrant une feuille…

Mvouama : le féticheur qui n'aimait pas être pris en photo ; sa position ici est la manifestation de son agacement à subir notre volonté de réaliser une photographie de lui.

Samba Nkouélo Joseph a vécu une bonne centaine d'années (1862 -1962) sans avoir eu recours pour ses soins de santé à une autre médecine que l'herboristerie.

Ce journal avait tenu à amplifier le décès de ce grand chef de canton et de terre, Samba dia Ndongo.

Lufwa lua Mfumu SAMBA-NDONGO

Mfumu Samba-dia-diaNdongo wabutuka ku Makuanga mu tezo kia 1851. Tulenda tezakasa vo nanga vo nanga mpe i yandi kaka i Mbuta yikele yeto yasisua kua Bambuta ma zunga kia Boko, Kinlala ye Mayama. Mfumu Samba-dia-Ndongo, i muana wa Ta Ndongo ye Mä Nzumba. Tat'andi ta Ndongo wakala nzonzi yakanga kutubi. I kedika vo ye buna kafua buna wakala vutukanga mu kuiza zonza mambu. Sivi, i sivi mpe kibeni!

Mfumu Samba-Ndongo muna kitoko kiandi, wateka nkuezo, nkaudi ye mpungi za nzawu ku Mboma ye ku Matadi. Tandu kina buna mindele mia Fualansa ye mia Belezi ke miayizidieti ko mu nsi yayi. Edi dikutusongila mankaka mambu tewanga kua mindele vo mu nsi yayi muakala kitantu, vo muntu ka lendi katuka eva ye kuenda evana ko, na luvunu kibeni kadi katuka mu vata dia Mfumu Samba-Ndongo ye kuenda ku Boma, nanga fuete sala mingu zole mu nzila.

Mu mvu wa 1885, Kongo diakabulua mu kunku tatu: kia Mputulukezo, kia Belezi ye kia Fualansa. Mfumu Samba-dia-Ndongo, vata diandi diayenda mu kunku kia Fualansa. Mu mvu wa 1907, Luyalu lua Fualansa wamona ngangu za Mbuta Samba-dia-Ndongo ye wamvana kiduki evo kikapita kia vata ku Posita dia Manianga. Leta wamona vo ludi i muntu wa ngangu ye ke avu miayingi ko, watumbua Chef de Terre ku Mbanza-Baka. Mu mvu wa 1916, vuikilu mpalat'a ki-Chef de Canton evo Chef de Secteur mu Congo Belge.

Mu mvu wa 1910, i yandi watambula mindele mia Misioni Tata Lamani ye Tata P. A. Westhind bayiza mu lomba fulu kia tungila vula diawu. Mfumu Samba-Ndongo wabatambula mpeleko bankaka mu zunga ke bazola ko. Mu mvu wuna wa 1920, buna Tata Ngiloni wayiza bantika mu tunga Vula. Mfumu Samba-Ndongo wakivana mvimba kua bawu mu kubasadisa rê ye mu mvu miawu miamonsono. Misio miomio mikasongidila fulu i mia Musana.

Muna mvu wa 1935, buna kedika Luyalu lua Fualansa wazola vilula nsinsi, Mfumu Samba-dia-Ndongo, wadongama; wamona vo nsi ke buawu ke yikadilanga. Luyalu lua Fualansa wamona vo Mfumu Samba-dia-Ndongo, i kimpumbulu. Kansi yandi mpe ka vutuka ku nima ko kadi wazola kaka mu kaka mu nuanina nsi. Komanda Jules Fontan wankangisa ye kumatisa ku Boko. Bu kabuaka ku Boko, bazola vo Mfumu Samba-dia-Ndongo kavilula ntima. Buna Komanda diodio wantudisa mu fulu kia bidiki kia tiya, Mfumu Samba-dia-Ndongo wasiama kaka na kekete.

Mu mvu wa 1940 Komanda Eotaffoco, wafidisa Mfumu-Samba-Ndongo ku Tchad Mfumu wakangua ye katulua mu nsi'andi, mu nkia fiambu'e ?... Bu kazola nuanina besi nsi'andi ye nsi'andi, buna disumu dia dinene va meso ma bana ba Nzambi. Engue kindombe.!

Mvita wuna yamana mu mvu wa 1945, buna Luyalu lua Fualansa wavilula mabanza. Besi nsi babaka nsua mu sa vâte ye mama mawonso ma kikomanda bonso mu ntama, masuza. Bantu babaka kimpwanza mu yova ye sala konso bazolele. Mfumu Samba-dia-Ndongo, buna wavayikisua mu boloko ye vutulua mu nsi'andi ya Kongo. Nanga lulenda teza tezo kia kiese kiakala kua besi nsi ye kua yandi mu monana diaka. Luyalu wafua, nsoni

Mfumu ye Tata Samba-Ndongo, wavutuka kansi Luyalu ka zola diaka ko vo kakala Mfumu. Buna yandi mpe kedika, bu kazebi kuandi vo nsi yayi i yandi, yandi, bu kazevi kuandi vo ke mundele ko wavana yo kua yandi, buna diodio ke diamvanga nkutu mpasi ko. Kansi tu, yandi ka yoya ko muna luengisa baleke bandi muna mambu mawonso mu mvu miomio kasidi kuandi...

1. Président

1 somisi dia ntinti. Dia kiroko ka kina nkutu tezo ko. ... sukudi, buna wukuenda songe kaka ku muini, divuidi kiyuminanga. Lenda dio ku-

Tata Samba - dia - Ndongo.